Découvrez des Jeux Gratuits en Ligne

Disponible Ici :

BestActivityBooks.com/FREEGAMES

5 ASTUCES POUR DÉMARRER !

1) COMMENT RÉSOUDRE LES MOTS MÊLÉS

Les puzzles sont dans un format classique :

- Les mots sont cachés sans espaces, tirets, ...
- Orientation : Les mots peuvent être écrits en avant, en arrière, vers le haut, vers le bas ou en diagonale (ils peuvent être inversés).
- Les mots peuvent se chevaucher ou se croiser.

2) UN APPRENTISSAGE ACTIF

Un espace est prévu à côté de chaque mots pour noter la traduction. Pour favoriser un apprentissage actif un **DICTIONNAIRE** à la fin de cette édition vous permettra de vérifier et étendre vos connaissances. Cherchez et notez les traductions, trouvez-les dans le Puzzle et ajoutez-les à votre vocabulaire !

3) MARQUEZ LES MOTS

Vous pouvez inventer votre propre système de marquage. Peut-être en utilisez-vous déjà un ? Sinon, vous pourriez, par exemple, marquer les mots qui ont été difficiles à trouver d'une croix, ceux que vous avez aimés d'une étoile, les mots nouveaux d'un triangle, les mots rares d'un diamant, etc...

4) STRUCTUREZ VOTRE APPRENTISSAGE

Cette édition vous offre un **CARNET DE NOTES** très pratique à la fin du livre. En vacances ou en voyage ou à la maison, vous pouvez facilement organiser vos nouvelles connaissances sans avoir besoin d'un second bloc-notes !

5) VOUS AVEZ FINI TOUTES LES GRILLES ?

Allez à la section bonus **CHALLENGE FINAL** pour trouver un jeu gratuit à la fin de cette édition !

Simple et Rapide ! Découvrez notre collection de livres d'activités pour votre prochain moment de détente et **d'apprentissage**, à juste un clic de distance !

Trouvez votre prochain défi sur :

BestActivityBooks.com/MonProchainLivre

À vos marques, prêts... Partez !

Saviez-vous qu'il existe environ 7 000 langues différentes dans le monde ? Les mots sont précieux.

Nous aimons les langues et avons travaillé dur pour créer les livres de la plus haute qualité pour vous. Nos ingrédients ?

Une sélection des thématiques d'apprentissage adaptée, trois belles parts de divertissement, puis nous ajoutons une cuillère de mots difficiles et une pincée de mots rares. Nous les servons avec soin et un maximum de plaisir pour vous permettre de résoudre les meilleurs jeux de mots mêlés qui soient et d'apprendre en vous amusant !

Votre avis est essentiel. Vous pouvez participer activement au succès de ce livre en nous laissant un commentaire. Nous aimerions vraiment savoir ce que vous avez préféré dans cette édition !

Voici un lien rapide qui vous mènera à la page d'évaluation de vos commandes :

BestBooksActivity.com/Avis50

Merci pour votre aide et amusez-vous bien !

1 - Adjectifs #2

```
E  F  J  K  E  Y  U  U  R  Z  Đ  Z  O  H  U  S
M  I  O  R  M  U  O  N  S  I  P  O  N  A  L  S
Đ  C  N  I  O  J  N  K  D  Z  B  N  D  K  Z  A
Č  U  V  E  N  D  C  J  L  D  X  A  O  R  A  W
P  F  I  A  Č  E  I  U  K  R  V  D  R  E  N  E
V  O  T  S  I  Č  T  V  Q  A  X  A  I  A  I  L
V  V  K  T  T  M  A  F  L  V  V  R  R  T  M  E
Y  J  U  Y  N  B  M  C  M  J  I  E  P  I  L  G
Đ  A  D  H  E  B  A  B  R  Q  I  N  W  V  J  A
A  K  O  K  T  P  R  D  W  A  C  A  Đ  A  I  N
A  U  R  K  U  N  D  I  F  X  G  S  Q  N  V  T
M  D  P  A  A  R  I  L  Q  V  N  O  V  O  O  A
O  D  G  O  V  O  R  A  N  Z  O  N  C  O  Đ  N
T  F  N  M  X  Y  W  E  S  M  Y  O  S  Y  O  Z
B  V  E  X  V  G  O  U  Q  J  Y  P  L  R  B  P
C  A  F  I  B  R  A  M  O  Ć  A  N  C  D  T  C
```

AUTENTIČNO	PRIRODNO
ČUVEN	NOVO
KREATIVAN	PRODUKTIVNO
OPISNO	MOĆAN
NADAREN	ČISTO
DRAMATICNO	ODGOVORAN
ELEGANTAN	ZDRAV
PONOSAN	SLANO
JAK	DIVLJI
ZANIMLJIVO	SUHO

2 - Formes

```
C M A F O P M P I R A M I D E P
D I Đ L C R I A W D Đ W G D C O
S W L F L I H U Q C D R J N L L
Đ M C I K S O A G U O R T N N I
X M K D N M K R U G Đ N G K R G
G E M G K D E W B B K Đ E I L O
A C T A R D A V K R I V I N A N
L I N I J A N R S A O G P O S E
O P S N F O A G U K F F G A P U
B J H L Đ K R I I N F T M G I Q
R P X P O Y T Z J X X K E U L R
E J S I R H S S Đ P Y V V O E W
P L Q E U K O C K A I C B V C Z
I A Z Q M A O V A L N I Y A I J
H V N S U D R R M V E C A R V D
E R V X T N C C Z D Y K H P I W
```

ARC
IVICE
KVADRAT
KRUG
UGAO
KRIVINA
CONE
STRANA
KOCKA
CILINDAR

ELIPSA
HIPERBOLA
LINIJA
OVALNI
POLIGON
PRISM
PIRAMIDE
PRAVOUGAONIK
TROUGAO

3 - Force et Gravité

```
A D K O T D X A L F Đ X M I N O
D I N A M I Č K I L H M A Q R T
X T I N G Z C I D K O H G F G K
M R I I N L A Z R E V I N U K R
E E Ž S C T I P J P B E P W I
H N J E M Y I F L N G B T R V Ć
A J N T R T B F A A C D I I R E
N E E A O E R C N T N I Z T I Đ
I D R C S B O C E E L X A I J M
K V I Y A Q O X T R L Y M S E F
A P Š W Q Đ Q I E K C P D A M L
O S O B I N E C E N T A R K E C
U A R B R Z I N A A A H X Z Z O
M D P E N B A Đ Q F H B I I V Đ
K U A U W M R A Z D A L J I N A
I C X R J W O D Đ M V T A H J S
```

OSA
CENTAR
OTKRIĆE
RAZDALJINA
DINAMIČKI
PROŠIRENJE
TRENJE
UDAR
MAGNETIZAM
MEHANIKA

KRETANJE
ORBITA
FIZIKA
PLANETE
TEŽINA
PRITISAK
OSOBINE
VRIJEME
UNIVERZALNI
BRZINA

4 - Adjectifs #1

```
T E Š K A P B I T A N I V E N A
O N V I D J O N Č I T O Z G E K
G U R Q P M B T K P G G K J A T
R Đ P U K V M F P S C R W W L I
O G C B C X E V H U K G I N F V
M Q I G X E O L Q O N E B G M N
A L O N Č A L V I R P I N J P O
N S A V R Š E N O K R U O L V C
A R O M A T I C N O O M L A D F
I K Č I N T E J M U C D E L F E
S S R J C M O D E R N A U I Q T
N K K I D E N T I Č N I M Š M V
W B T R K V S O H D J U X Y A U
L N J O E W E Đ B L Q T I W V N
B T N P O N Z O I C I B M A S K
M T D S B D T A N A K U G N S Đ
```

POTPUNI   ISKREN
AKTIVNO   IDENTIČNI
AMBICIOZNO   BITAN
AROMATICNO   NEVIN
UMJETNIČKI   MLAD
PRIVLAČNO   SPOR
DIVNO.   TEŠKA
EGZOTIČNO   TANAK
OGROMAN   MODERNA
VELIKODUŠAN   SAVRŠENO

5 - Instruments de Musique

```
I F U C A K S J R I Y Y L T I F
D A H N U K L N Z D D N G I P X
N G N O G L K A K I N O M R A H
O O T L D A O B V V I O L I N U
T T M E O R B U Y I O B O E S A
X A L Č L I A B M I R A M B G C
V T M X M N B A N J O T H V W S
G R N B Đ E U T L P Z R L A E T
I O T M U T Đ C V S C U Đ T R I
T M Y E N R D Q V I B B C U X P
A B E K J L A R A D U A R A G A
R O N Q Đ C B N F N P H B L Y J
A N I L O D N A M O U C U F Y I
J K Q C A N U Đ R H D B K E K T
X Đ S A K S O F O N P F B N Đ L
D G Y L X Z C V K S N X O V Đ B
```

BANJO
FAGOT
KLARINET
FLAUTA
GONG
GITARA
HARMONIKA
HARP
OBOE
MANDOLINA

MARIMBA
UDARALJKE
KLAVIR
SAKSOFON
BUBANJ
TAMBURA
TROMBON
TRUBA
VIOLINU
ČELO

6 - Herboristerie

```
K H Q C F Y A Đ J Đ X U U T E M
A X N V Q O K O R I S N O X K G
J T K I M N B A Š T A Y Đ Q F L
N K N J W C S A S T O J A K F P
Š U H E L I S A B L A V A N D A
E L A T M T Š A F R A N Y T P Q
Č I N I A A L Y Č P T M S S W V
E N F N T M R V A P E L P P E I
S A C Đ P O P J R R T B O G Đ U
T R N P E R Q Q O T I M I J A N
R S A Y R A Đ L M R L D F A B G
A K V Z Š W U G O V A U R E Z H
G I Y Y U J O F K I V M K M I D
O R U G N W D O K S K J A U U U
N R O S E M A R Y E L V D W S B
X U J Z V F B T I Z E L E N O B
```

ČEŠNJAK
AROMATICNO
BASILE
KORISNO
KULINARSKI
ESTRAGON
KOMORAČ
CVIJET
SASTOJAK
BAŠTA

LAVANDA
MARJORAM
MENTA
PERŠUN
KVALITET
ROSEMARY
ŠAFRAN
UKUS
TIMIJAN
ZELENO

7 - Photographie

```
J P H E D X P Z N N L I K V P W
Z O M Đ T E C P I Y K Z O I E Z
A R E M A K F Q P W S L N Z R D
D T C R N A R I V K O O T U S J
A R U T S K E T N L Đ Ž R E P G
T E Z L G Đ F X R I R B A L E G
E T S J E N E O X O C A S N K G
J E U O Y Đ S Đ R B I I T I T X
V M Y J O I I O T M V Đ J N I N
S D U K B U S X M X A D A A V V
A E R Q J Z X W Đ M T T I M A Q
R R P J E C Y B J Q S D K A J E
U P Y E K V R S O V A Q R T M B
X B Đ J T D X P Z J S M O X Q X
Y C Y V O S N O I T A Š K E M O
L O R S X W I U U Đ X W R R Y Y
```

OMEKŠATI

OKVIR

KAMERA

SASTAV

KONTRAST

BOJA

DEFINICIJA

IZLOŽBA

RASVJETA

FORMAT

CRNA

OBJEKT

TAMA

SJENE

PERSPEKTIVA

PORTRET

PREDMET

TEKSTURA

VIZUELNI

8 - Véhicules

```
K  J  V  A  L  P  S  W  S  U  B  O  T  U  A  T
S  A  T  N  Z  R  I  R  Q  Y  I  G  F  X  P  R
K  S  M  T  R  A  K  T  O  R  C  U  N  G  O  A
U  K  W  I  E  T  O  Z  T  S  I  M  P  X  D  J
T  K  F  H  O  A  A  Z  U  F  K  E  O  A  M  E
E  D  L  S  G  N  R  K  A  M  L  V  D  T  O  K
R  R  A  K  E  T  A  C  S  R  W  L  Z  K  R  T
A  B  S  J  Y  M  X  H  E  I  K  P  E  A  N  B
V  V  H  E  L  I  K  O  P  T  E  R  M  R  I  T
T  U  I  K  R  V  T  Q  D  I  U  J  N  A  C  B
T  L  X  O  K  Z  O  J  U  F  X  A  A  V  A  Z
V  P  K  H  N  M  O  T  O  R  N  X  R  A  X  Š
B  O  A  T  I  Z  M  F  I  D  U  M  W  N  W  A
J  G  Q  M  N  R  C  J  L  T  V  L  J  I  U  T
L  N  C  A  O  Z  V  S  Z  J  G  O  S  Đ  C  L
G  I  C  W  Z  J  Z  W  I  F  X  H  J  S  C  B
```

HITNA	MOTOR
AVION	ŠATL
BOAT	GUME
AUTOBUS	SPLAV
KAMION	SKUTER
KARAVAN	PODMORNICA
TRAJEKT	TAKSI
RAKETA	TRAKTOR
HELIKOPTER	BICIKL
PODZEMNA	AUTO

9 - Camping

```
L  F  V  U  N  A  K  B  U  R  G  L  I  N  Z  S
R  P  E  Ž  U  N  A  K  C  O  M  M  A  H  Y  S
A  N  I  N  A  L  P  D  T  T  J  N  F  S  B  V
Đ  G  G  U  J  M  A  B  F  A  L  G  L  Z  V  Đ
H  N  E  H  S  E  M  V  K  Š  B  C  E  M  O  L
U  R  Q  P  Z  R  R  K  A  B  I  N  A  U  W  V
Ž  X  K  Q  N  L  I  Z  M  Q  L  F  R  W  Y  F
P  I  Q  A  Y  X  Š  J  E  R  A  T  U  Z  G  I
I  M  V  D  R  C  E  Đ  R  M  P  B  T  S  K  T
L  K  O  O  B  S  Š  J  P  C  K  G  N  L  B  T
U  E  L  R  T  L  V  F  O  Z  A  Đ  A  T  I  S
Š  I  N  I  K  I  K  O  M  P  A  S  V  W  N  H
B  U  J  R  G  N  N  J  J  H  H  V  A  S  S  R
G  L  M  P  G  P  E  J  J  E  Z  E  R  O  E  X
K  A  Z  A  Y  W  G  O  E  C  B  P  Q  W  K  R
M  J  E  S  E  C  Y  L  J  F  N  U  Q  P  T  V
```

ŽIVOTINJE	PALI!
AVANTURA	ŠUMA
KOMPAS	HAMMOCK
KABINA	INSEKT
KANU	JEZERO
MAPA	FENJER
ŠEŠIR	MJESEC
LOV	PLANINA
UŽE	PRIRODA
OPREMA	ŠATOR

10 - Écologie

```
G  F  J  Đ  D  V  Z  Y  M  S  N  H  R  O  F  T
G  Z  O  X  N  N  P  B  F  Q  M  C  P  N  A  I
R  P  A  C  S  T  B  D  C  T  J  A  U  R  U  A
K  M  I  Q  P  Z  Z  A  R  A  K  W  S  O  N  T
S  P  L  A  N  I  N  E  A  H  D  X  J  U  A  R
I  T  F  N  Y  W  H  G  Z  F  L  O  R  A  Š  Q
Q  A  A  T  S  R  V  C  N  Z  O  N  R  J  M  A
W  K  A  N  A  T  S  P  O  A  D  D  C  I  A  V
D  V  M  U  I  X  A  F  L  J  R  O  R  R  R  W
G  Y  I  M  Q  Š  X  A  I  E  Ž  R  Q  E  I  P
B  I  L  J  K  E  T  W  K  D  I  I  H  T  N  R
D  S  K  M  J  L  N  E  O  N  V  R  S  N  E  F
G  L  O  B  A  L  N  O  S  I  O  P  I  O  Q  M
R  E  S  U  R  S  I  D  T  C  T  N  O  L  U  L
M  A  R  S  H  Đ  I  A  R  E  D  H  W  O  G  Q
Z  H  F  Q  A  J  I  C  A  T  E  G  E  V  Q  N
```

VOLONTERI
KLIMA
ZAJEDNICE
RAZNOLIKOST
ODRŽIVO
VRSTA
FAUNA
FLORA
GLOBALNO
STANIŠTE

MARSH
MARINE
PLANINE
PRIRODA
PRIRODNO
BILJKE
RESURSI
SUŠA
OPSTANAK
VEGETACIJA

11 - Géométrie

```
P  O  V  R  Š  I  N  A  N  I  V  I  R  K  D  J
I  H  W  V  E  J  B  P  L  O  G  I  K  A  I  E
S  Z  Đ  Đ  T  T  X  X  A  Q  Đ  V  W  N  A  D
I  G  R  O  B  M  O  I  O  R  I  S  A  I  M  N
M  A  B  A  P  Q  A  J  V  R  A  F  Y  S  E  A
E  Z  R  G  Č  G  M  S  X  F  B  L  E  I  T  Č
T  W  O  U  R  U  Q  E  S  C  L  Z  E  V  E  I
R  R  J  O  V  R  N  A  J  I  D  E  M  L  R  N
I  K  F  R  O  K  F  J  M  Z  X  D  G  L  N  A
J  V  E  T  T  A  J  I  C  R  O  P  O  R  P  O
A  B  E  H  D  J  T  R  E  F  Q  Z  S  V  D  Y
I  C  M  H  Z  U  V  O  X  H  Đ  F  P  R  L  B
S  E  G  M  E  N  T  E  M  I  R  A  H  C  L  F
K  O  N  L  A  K  I  T  R  E  V  T  J  X  E  T
D  I  M  E  N  Z  I  J  A  U  G  A  O  N  Q  L
G  G  W  X  S  C  U  W  Đ  U  D  W  K  K  F  Đ
```

UGAO	MEDIJAN
IZRAČUN	BROJ
KRUG	PARALELNO
KRIVINA	PROPORCIJA
DIAMETER	SEGMENT
DIMENZIJA	POVRŠINA
JEDNAČINA	SIMETRIJA
VISINA	TEORIJA
LOGIKA	TROUGAO
MASS	VERTIKALNO

12 - Les Médias

```
F  I  Q  O  N  L  A  J  I  C  R  E  M  O  K  J
R  N  N  B  W  C  Z  G  Q  V  D  N  R  B  I  A
M  T  K  R  O  N  L  I  N  E  O  I  E  D  Y  V
I  E  Z  A  I  Đ  Y  Q  D  B  T  V  Ž  F  Đ  N
Š  L  D  Z  G  G  J  I  F  J  B  O  A  Q  F  O
L  E  I  O  W  Q  K  K  M  D  D  N  E  T  M  Q
J  K  G  V  I  Z  D  A  N  J  E  J  Q  P  S  N
E  T  I  A  Č  O  T  E  L  E  V  I  Z  I  J  A
N  U  T  N  R  I  S  I  P  O  S  A  Č  R  A  F
J  A  A  J  L  D  N  Đ  M  Y  I  Đ  F  S  N  N
E  L  L  E  S  A  A  J  I  R  T  S  U  D  N  I
K  N  N  Z  L  R  K  M  E  S  A  I  P  Y  Y  E
K  O  O  G  I  V  S  O  O  N  O  T  S  X  S  J
K  D  U  H  K  U  U  W  L  D  I  T  P  C  T  Z
F  Q  Q  F  E  J  W  Q  M  Z  X  C  X  T  H  K
F  I  N  A  N  S  I  R  A  N  J  E  E  G  Y  C
```

STAVOVI	LOKALNI
KOMERCIJALNO	ČASOPISI
ONLINE	DIGITALNO
IZDANJE	MIŠLJENJE
OBRAZOVANJE	SLIKE
ČINJENICE	JAVNO
FINANSIRANJE	RADIO
INDUSTRIJA	MREŽA
INTELEKTUALNO	TELEVIZIJA
NOVINE	

13 - Philanthropie

```
C N S P D X J G I V E J L I C A
H G R R P E E E T E P U R G M Z
A T E O D U G X W L T O P G W K
R I D G Y B O E J I S N A N I F
I F S R B C C V V K O Y J D V H
T E T A J I S I M O N I I T O D
Y V V M P Y S L J D Č Y R X Z U
K G A I C R X J U U E A O Đ A J
W O L T I P E U V Š J C T K Z A
I C N O Đ F M D V N V I S P I V
D O Q T B Đ V I C O O N I H Z N
J V O X A A H F Q S Č D U G Y O
E V W I S K L M H T G E R Q Q K
C G R E N Q T N S L F J U Đ O I
A Đ R F W N G I O M L A D O S T
I S K R E N O S T H N Z R L Đ H
```

CILJEVI	GLOBALNO
CHARITY	GRUPE
ZAJEDNICA	ISTORIJA
KONTAKTI	ISKRENOST
IZAZOVI	ČOVJEČNOST
DJECA	MLADOST
FINANSIJE	MISIJA
SREDSTVA	PROGRAMI
LJUDI	JAVNO
VELIKODUŠNOST	

14 - Diplomatie

```
A Y W T U Y N G E L S O P R R H
K A M B A S A D O R T E O J E J
I N T E G R I T E T R T L E Z C
N S E D D R K S J Y A I I Š O G
T I V A I A S O U R N K T E L R
E G H S S X T B S K I A I N U A
J U U A K X A E T W O C K J C Đ
V R M B U E M J P V K B A E I A
A N A M S U O S P R A V D A J N
S O N A I J L R A J Q B A K A I
Q S I G J U P T J R E B L F I F
W T T H A N I G Đ O A W V F J T
H U A C I N D E J A Z D K W J S
D W R U G O V O R Q K E N V J V
J P A X V Z Q L I F C B B J X E
D V C L D B Z M M B C U V D A H
```

AMBASADE	STRANI
AMBASADOR	VLADA
GRAĐANI	HUMANITARAC
ZAJEDNICA	INTEGRITET
SUKOB	PRAVDA
SAVJETNIK	POLITIKA
SARADNJA	REZOLUCIJA
DIPLOMATSKI	SIGURNOST
DISKUSIJA	RJEŠENJE
ETIKA	UGOVOR

15 - Électricité

```
G  Y  G  B  T  M  J  P  Y  U  T  H  O  E  P  K
K  X  Đ  A  M  E  R  P  O  Đ  C  J  B  L  O  Q
O  A  P  M  A  L  L  E  C  I  Ž  E  J  E  Z  X
L  S  B  X  K  V  K  E  Ž  W  G  U  E  K  I  G
H  H  V  L  G  P  R  N  F  A  Z  Đ  K  T  T  C
J  L  F  S  C  C  W  I  S  O  L  J  T  R  I  Z
S  K  L  A  D  I  Š  T  E  S  N  N  I  I  V  G
R  E  S  A  L  J  P  X  L  J  P  E  L  Č  N  O
O  K  O  L  I  Č  I  N  A  A  Z  G  Q  N  O  B
T  S  H  S  B  S  O  C  K  E  T  A  R  I  O  A
A  E  A  J  I  Z  I  V  E  L  E  T  P  U  Z  T
R  Q  B  U  S  P  N  D  P  I  N  I  V  O  Z  E
E  B  N  Q  E  F  K  L  S  N  G  V  L  V  S  R
N  L  A  B  L  Đ  M  X  I  G  A  N  T  J  H  I
E  L  E  K  T  R  I  Č  A  R  M  O  M  S  K  J
G  V  W  Đ  Đ  M  H  S  I  J  A  L  I  C  A  A
```

MAGNET	LASER
SIJALICA	NEGATIVNO
BATERIJA	OBJEKTI
KABL	POZITIVNO
ELEKTRIČAR	SOCKET
ELEKTRIČNI	KOLIČINA
OPREMA	MREŽA
ŽICE	SKLADIŠTE
GENERATOR	TELEFON
LAMPA	TELEVIZIJA

16 - Astronomie

```
G O X O L S Y H C E S E J M M S
J H W S E S T L A Q Z Y S O E A
B X R A L U B E N U Y E W N T Z
B L C Z E P J H G I Q I R O E V
S S J W G E X A Đ N A Z A R O I
A T E K A R Q V A O C B Q T R J
T S K O D N J O R X E O R S X E
E Z T N D O B E N T S X S A D Ž
N P R R T V S V E M I R U M I Đ
A E Q A O A J I S K A L A G O E
L I H L Č N N E E X J A P X R S
P J M O B E A S P I L K E L E G
Z Y J S D Y N U B Y M A C Y T Z
T Z F K B Đ W J T L E A K S S R
L B H J Y J A T E P Z N E C A T
Đ R C Đ O P S E R V A T O R I J
```

ASTEROID
ASTRONAUT
ASTRONOM
NEBO
SAZVIJEŽĐE
COSMOS
EKLIPSA
EQUINOX
RAKETA
GALAKSIJA

MJESEC
METEOR
NEBULA
OPSERVATORIJ
PLANETA
ZRAČENJE
SOLARNO
SUPERNOVA
ZEMLJA
SVEMIR

17 - Physique

```
U  K  E  L  U  R  Z  H  C  W  L  F  N  L  G  H
G  Č  M  O  L  E  K  U  L  A  M  Đ  L  W  A  E
R  M  E  U  N  Q  Đ  G  W  M  M  A  S  S  S  M
A  O  U  S  M  E  H  A  N  I  K  A  F  O  N  I
V  T  B  G  T  S  O  N  V  I  T  A  L  E  R  J
I  O  R  U  L  A  U  W  H  E  L  U  M  G  P  S
T  R  Z  S  H  L  L  N  Q  X  C  N  A  I  A  K
A  I  A  T  H  U  M  O  T  A  N  I  G  V  J  I
C  P  N  I  A  M  Đ  R  S  Q  U  V  N  X  O  Z
I  S  J  N  O  R  G  T  T  T  K  E  E  L  U  E
J  G  E  A  S  O  N  K  Q  V  L  R  T  S  O  I
A  Q  C  N  F  F  X  E  Q  V  E  Z  I  B  Đ  Y
Č  E  S  T  I  C  A  L  T  X  A  A  Z  H  J  J
B  R  Z  I  N  A  Q  E  H  O  R  L  A  S  M  V
B  I  P  Q  X  Y  I  H  X  U  N  N  M  W  C  Q
V  U  I  N  A  X  K  Đ  R  H  I  I  Q  B  Y  A
```

UBRZANJE	MAGNETIZAM
ATOM	MASS
HAOS	MEHANIKA
HEMIJSKI	MOLEKULA
GUSTINA	MOTOR
ELEKTRON	NUKLEARNI
FORMULA	ČESTICA
UČESTALOST	RELATIVNOST
GAS	UNIVERZALNI
GRAVITACIJA	BRZINA

18 - Types de Cheveux

```
U  A  D  V  J  R  S  C  N  J  O  Y  X  S  J  V
F  P  Z  P  L  S  T  A  N  A  K  I  Y  R  G  K
P  G  H  P  I  U  S  X  T  T  V  M  D  T  Z  G
O  E  B  E  D  H  B  Đ  P  E  J  Y  Z  K  D  X
K  B  I  V  C  O  E  H  T  L  O  H  G  E  R  Z
E  I  O  M  B  R  L  A  U  K  A  N  R  C  A  Y
M  M  X  J  X  W  A  V  O  Y  X  V  S  I  V  Y
B  J  K  F  E  Ć  E  L  A  V  A  Y  A  N  L  T
R  O  J  X  Č  N  B  C  U  R  L  Y  D  E  A  K
O  K  T  A  R  K  O  V  Z  S  B  K  E  T  Q  I
W  F  G  S  V  R  B  L  L  I  I  I  D  E  Q  Đ
N  X  C  W  O  P  P  L  W  I  E  V  I  L  K  M
C  N  I  S  K  S  Đ  H  P  B  N  Y  A  P  C  B
S  V  U  I  E  M  J  Q  O  L  A  H  R  N  F  W
X  H  Đ  L  T  R  D  U  G  O  C  K  B  S  S  S
U  P  H  R  D  T  Q  O  K  V  Y  F  F  I  G  M
```

BELA	SIVA
PLAVA	DUGO
KOVRČE	BROWN
ĆELAV	TANAK
OBOJENO	CRNA
KRATKO	ZDRAV
MEKO	SUHO
DEBEO	PLETENICE
CURLY	BRAIDED

19 - Archéologie

```
F  R  A  G  M  E  N  T  I  Z  B  J  E  Y  P  P
C  I  V  I  L  I  Z  A  C  I  J  A  I  Q  O  R
G  D  G  J  P  G  K  R  W  E  Đ  T  Z  M  T  O
A  P  Đ  D  G  I  A  E  F  A  A  Z  H  F  O  F
A  H  E  L  M  I  J  Č  S  J  I  E  Q  B  M  E
P  R  O  C  J  E  N  A  D  I  T  S  O  K  A  S
Y  K  Đ  U  S  K  Č  V  C  R  K  U  I  W  K  O
F  O  S  I  L  A  U  I  F  E  E  Q  A  S  S  R
G  W  C  M  N  N  R  Ž  T  T  J  V  E  A  Y  A
B  U  Y  T  L  A  T  A  P  S  B  G  N  K  U  L
H  V  S  Q  T  L  S  R  M  I  O  K  Y  I  P  P
Đ  A  K  H  V  I  O  T  F  M  I  T  S  T  E  I
C  E  R  N  Đ  Z  K  S  G  A  N  D  I  N  C  O
K  E  O  I  Q  A  U  I  H  R  E  O  M  A  D  I
R  E  L  I  K  V  I  J  A  H  X  A  L  Đ  F  W
N  E  P  O  Z  N  A  T  G  R  O  B  N  I  C  A
```

ANALIZA   FOSIL
DREVNI   FRAGMENTI
ANTIKA   NEPOZNAT
ISTRAŽIVAČ   MISTERIJA
CIVILIZACIJA   OBJEKTI
POTOMAK   KOSTI
STRUČNJAK   PROFESOR
ERA   RELIKVIJA
TIM   HRAM
PROCJENA   GROBNICA

20 - Mammifères

```
C  V  C  D  N  Đ  Đ  I  D  I  D  Y  N  H  K  Z
V  U  X  E  I  Z  W  V  B  T  I  G  A  R  O  Z
K  D  I  L  Y  C  W  U  W  O  N  F  F  T  N  A
Z  E  C  F  P  F  L  K  P  J  N  M  A  O  J  N
Q  M  D  I  Q  E  C  I  I  O  V  K  R  A  M  N
L  L  Đ  N  W  O  M  T  S  K  T  T  I  C  K  T
S  Đ  Đ  K  H  N  R  C  A  I  W  J  Ž  E  G  X
L  Z  W  L  G  Đ  Q  D  P  H  C  L  G  U  I  V
M  A  Č  K  A  R  B  E  Z  V  I  A  R  O  I  O
V  Đ  A  W  I  K  R  A  X  H  O  E  C  X  G  R
G  M  R  H  Z  B  V  T  M  M  H  M  S  X  G  A
N  O  L  S  O  J  B  M  R  C  G  Z  A  E  N  K
Y  K  R  U  G  N  E  K  X  L  K  W  D  Z  C  I
W  D  G  I  D  Q  I  W  B  S  L  A  V  Z  C  T
E  J  X  Z  L  W  Đ  B  E  A  R  Z  L  C  H  W
P  M  M  S  K  A  R  C  D  E  M  A  J  M  U  N
```

KIT	ZEC
MAČKA	LAV
KONJ	VUK
PAS	OVCE
KOJOT	BEAR
DELFIN	LISICA
SLON	MAJMUN
ŽIRAFA	BIK
GORILA	TIGAR
KENGUR	ZEBRA

21 - Chocolat

```
K Z G P M K D F Y Z J U Đ F R A
K A B A L R N N P V Z P K L I N
A F L Ž U D N J A L B K X U T T
R A I O E G Z O T I Č N O A S I
A V T A R R E C E P T E K U O O
M O T C Š I K T A L S R T W K K
E R R A L E J W G H S V A F O S
L I S C G X L E T L A T L R K I
I T A R O M A Q Q E S I S O C D
N L I U X J M Y G Đ T K X Đ V A
B C U U K U S N O Đ O I P Y B N
P J G O R A K O Q T J R L R B T
A U X Z E F Y B G Y A I J A W Đ
N J S K Ć P F K R X K K S H V O
U T U E E H S V L L Y I S O U K
J O K B Š Q X O T J F K I T P Đ
```

GORAK
ANTIOKSIDANT
AROMA
SLATKIŠ
KIKIRIKI
CACAO
KALORIJE
KARAMEL
UKUSNO
SLATKO

ŽUDNJA
EGZOTIČNO
FAVORIT
UKUS
SASTOJAK
KOKOS
KVALITET
RECEPT
ŠEĆER

22 - Mathématiques

```
K G E O M E T R I J A A R D J P
Q V B R O J E V I F Y W A I E A
J G A K I T E M T I R A D A D R
I R M D V O L U M E L G I M N A
R X U P R X V D D T P G J E A L
N R S U G A Z Q E B C O U T Č E
O B I M Z N T B W X Đ H S E I L
I G R A T E M I R E P O I R N O
P O L I G O N W M S P O Đ O A G
O B R P V V W L F U C G N A S R
P P R A V O U G A O N I K E E A
A M I K I N L A M I C E D J N M
C I J V A T Z G X L S X K H P T
T R O U G A O S U R V E T U F Đ
S I M E T R I J A N I V T M Y U
C A V M E J P A R A L E L N O T
```

UGLOVI	PARALELNO
ARITMETIKA	PARALELOGRAM
KVADRAT	PERIMETAR
OBIM	POLIGON
DECIMALNI	RADIJUS
DIAMETER	PRAVOUGAONIK
EXPONENT	SUMA
JEDNAČINA	SIMETRIJA
GEOMETRIJA	TROUGAO
BROJEVI	VOLUME

23 - Mythologie

```
A  Z  L  B  E  S  M  R  T  N  O  S  T  S  L  A
O  B  E  N  P  R  N  B  S  U  C  S  J  T  D  R
L  P  G  B  P  V  Y  Đ  T  D  Đ  F  U  V  Y  H
F  X  E  U  G  I  Y  U  R  Y  M  Z  H  O  Č  E
N  F  N  Y  E  T  I  E  E  R  P  B  V  R  U  T
Q  N  D  N  I  Q  Z  X  N  A  U  P  W  E  D  I
U  U  A  M  U  N  J  A  G  E  L  X  L  N  O  P
L  A  B  I  R  I  N  T  T  X  U  B  J  J  V  K
K  G  J  R  U  S  R  C  H  G  J  S  S  E  I  U
T  M  L  U  X  L  J  U  B  O  M  O  R  A  Š  L
J  H  E  J  N  A  Š  A  N  O  P  R  A  Đ  T  T
V  X  U  S  W  A  T  R  I  J  U  M  F  A  E  U
J  P  A  N  N  A  K  I  N  T  A  R  L  V  X  R
E  D  Q  D  D  K  A  T  A  S  T  R  O  F  A  A
X  G  W  E  F  E  J  N  A  R  A  V  T  S  T  I
O  S  V  E  T  A  R  S  M  R  T  N  I  K  J  O
```

ARHETIP
KATASTROFA
NEBO
PONAŠANJE
STVARANJE
STVORENJE
KULTURA
MUNJA
STRENGTH
RATNIK

JUNAK
BESMRTNOST
LJUBOMORA
LABIRINT
LEGENDA
ČUDOVIŠTE
SMRTNIK
THUNDER
TRIJUMFA
OSVETA

24 - Couleurs

```
F  Q  W  U  U  Đ  N  Z  D  N  Đ  W  S  Q  N  J
H  U  C  Y  A  N  W  E  Z  O  R  R  E  C  A  G
K  S  K  N  J  V  D  L  C  X  T  X  P  R  R  A
I  D  I  S  A  H  R  E  R  U  Z  A  I  V  A  C
E  L  V  B  I  O  F  N  Z  U  A  Z  A  E  N  M
T  L  H  L  V  J  Z  O  G  I  D  N  I  N  D  S
P  U  O  B  S  A  A  S  B  R  O  W  N  F  Ž  B
Q  N  N  B  E  H  L  C  I  O  A  X  R  Y  A  E
Z  C  R  N  A  K  E  Z  X  V  Ž  Ž  D  S  S  U
A  R  U  S  V  B  B  L  U  H  A  U  E  J  T  D
O  V  P  Z  A  E  A  O  E  Đ  V  T  O  B  O  D
T  K  R  B  L  P  U  D  A  N  W  O  D  K  L  D
K  L  U  G  P  Đ  A  X  I  K  C  M  D  N  P  A
Z  C  P  K  K  M  Z  B  L  Q  C  Đ  Đ  W  U  L
M  A  G  E  N  T  A  G  Q  V  U  C  R  E  U  L
Y  O  T  F  S  D  Y  I  M  D  Z  J  C  F  H  K
```

AZURE	MAGENTA
BEŽ	BROWN
BELA	CRNA
PLAVA	NARANDŽASTO
CYAN	ROZE
FUKSIJA	CRVEN
SIVA	SEPIA
INDIGO	ZELENO
ŽUTO	PURPURNO

25 - Beauté

```
K  L  S  G  F  G  R  Y  V  T  C  S  I  M  Q  I
O  R  T  I  F  O  T  O  G  E  N  I  Č  N  O  O
Z  O  I  D  K  U  R  G  M  I  J  Z  J  A  I  K
M  A  L  O  C  I  Q  X  R  A  J  L  U  T  A  S
E  R  I  V  Y  B  R  I  N  K  K  V  O  N  S  L
T  V  S  Z  P  C  J  A  M  N  K  A  W  A  D  J
I  Š  T  I  G  R  V  V  V  I  O  J  Z  G  O  A
K  W  A  O  I  S  F  S  N  M  V  O  X  E  X  J
A  Y  A  R  P  F  F  L  N  Š  R  B  E  L  Đ  I
I  Q  S  P  M  H  Ž  U  R  O  Č  G  C  E  W  C
G  R  A  C  E  V  N  S  X  J  E  Y  N  D  R  N
I  Š  A  M  P  O  N  L  I  M  A  S  K  A  R  A
M  K  Ž  Y  L  A  M  U  N  R  J  X  R  F  U  G
V  N  O  O  V  Z  A  G  N  Đ  I  E  B  L  Z  E
W  I  K  Q  A  L  Q  E  W  G  S  M  L  O  V  L
B  P  O  G  L  E  D  A  L  O  I  U  K  P  M  E
```

KOVRČE	MASKARA
ŠARM	OGLEDALO
MAKAZE	MIRIS
KOZMETIKA	KOŽA
BOJA	FOTOGENIČNO
ELEGANCIJA	PROIZVODI
ELEGANTAN	RUŽ
GRACE	USLUGE
ULJA	ŠAMPON
ŠMINKA	STILIST

26 - Avions

```
W  U  Y  E  L  O  Z  W  F  N  P  P  K  X  F  I
S  U  O  T  T  O  Z  S  U  C  O  R  B  P  P  Q
N  V  N  F  T  E  R  N  I  H  S  O  B  P  A  L
B  I  Q  P  N  J  A  Z  I  D  A  P  W  X  B  Q
D  S  T  D  E  N  K  Q  K  J  D  E  W  P  F  O
A  I  E  N  C  A  Y  S  I  V  A  L  S  U  S  G
Q  N  A  Đ  S  T  N  T  K  P  H  E  O  T  T  P
F  A  T  D  E  E  R  M  T  I  W  R  Y  N  O  R
U  Q  V  H  D  L  W  L  Đ  L  D  I  D  I  I  A
N  E  B  O  V  S  V  S  R  O  T  O  M  K  J  V
I  S  T  O  R  I  J  A  W  T  T  B  V  P  B  A
A  V  A  N  T  U  R  A  B  G  O  R  I  V  O  C
A  T  M  O  S  F  E  R  A  A  J  N  D  A  R  G
X  C  Đ  G  N  W  P  V  B  L  L  G  I  T  K  J
Y  Z  S  T  Y  V  Z  A  E  X  B  O  T  W  S  S
T  U  R  B  U  L  E  N  C  I  J  A  N  U  W  Q
```

ZRAK	PRAVAC
ATMOSFERA	POSADA
SLETANJE	VISINA
AVANTURA	PROPELERI
BALON	ISTORIJA
GORIVO	VODIK
NEBO	MOTOR
GRADNJA	PUTNIK
DESCENT	PILOT
DIZAJN	TURBULENCIJA

27 - Aventure

```
E  T  Š  I  D  E  R  D  O  P  J  A  E  E  P  S
K  E  A  T  O  P  E  J  L  T  X  K  I  N  R  I
J  L  N  Đ  K  T  A  N  Z  D  V  T  T  T  I  G
Y  Z  S  U  Š  T  B  G  C  F  H  I  I  U  R  U
M  I  A  H  E  S  O  F  L  Đ  J  V  N  Z  O  R
K  W  O  P  T  O  N  S  A  P  O  N  E  I  D  N
N  O  V  O  C  D  W  P  I  F  N  O  R  J  A  O
N  A  V  I  G  A  C  I  J  A  W  S  A  A  B  S
R  Đ  L  V  T  R  Z  N  L  J  I  T  R  Z  X  T
O  F  O  O  R  Z  Q  E  E  Y  N  S  K  A  F  O
R  L  K  Z  A  Y  O  O  T  C  Y  O  D  M  Đ  C
N  E  D  A  A  R  C  B  A  M  E  R  P  I  R  P
O  O  O  Z  W  L  B  I  J  F  H  B  C  E  D  R
X  G  M  I  A  Q  E  Č  I  A  M  A  Y  U  W  D
P  R  I  L  I  K  A  N  R  L  J  R  K  J  Z  C
U  Z  B  K  Q  W  J  O  P  R  W  H  Q  R  O  K
```

AKTIVNOST	IZLET
PRIJATELJI	NEOBIČNO
LJEPOTA	ITINERAR
HRABROST	RADOST
ŠANSA	PRIRODA
OPASNO	NAVIGACIJA
ODREDIŠTE	NOVO
IZAZOVI	PRILIKA
TEŠKO	PRIPREMA
ENTUZIJAZAM	SIGURNOST

28 - Ville

```
L  B  G  H  N  G  I  H  G  Z  B  M  H  Q  D  S
K  L  I  N  I  K  A  L  O  K  Š  A  O  A  Q  T
E  B  E  Y  V  U  D  A  O  A  F  Đ  N  C  H  A
L  H  Q  M  F  Đ  M  F  Z  H  L  Đ  T  K  Q  D
G  J  D  S  J  X  T  V  F  J  E  X  E  F  A  I
S  U  P  E  R  M  A  R  K  E  T  P  T  Đ  Y  O
P  D  V  X  O  H  K  G  A  L  E  R  I  J  A  N
K  O  X  W  X  O  E  B  R  A  R  A  Z  E  K  H
U  N  Z  A  M  T  T  D  A  E  E  Ć  R  Z  E  M
F  A  J  O  L  E  O  Y  K  R  S  E  E  U  T  L
N  A  H  I  R  L  P  B  E  O  T  J  V  M  O  H
W  G  T  I  Ž  I  A  S  P  D  O  V  I  K  I  U
M  Q  J  X  G  A  Š  G  F  R  R  C  N  A  L  H
Z  V  L  C  Đ  H  R  T  E  O  A  P  U  D  B  J
T  R  Ž  I  Š  T  E  A  E  M  N  R  C  W  I  D
Y  B  I  O  S  K  O  P  Q  B  V  R  P  H  B  W
```

AERODROM	KNJIŽARA
BANKA	TRŽIŠTE
BIBLIOTEKA	MUZEJ
PEKARA	APOTEKA
BIOSKOP	RESTORAN
KLINIKA	STADION
ŠKOLA	SUPERMARKET
CVJEĆAR	POZORIŠTE
GALERIJA	UNIVERZITET
HOTEL	ZOO

29 - Ingénierie

```
D S T A B I L N O S T X D M M S
Q I D U B I N A Đ J Đ J I A O T
F A S H M F N U H M Đ D Z Š T R
I F C T A A L I Q U I D E I O U
J X C G R J U J U K U T L N R K
Q T G N G I P E Y I M Đ F A L T
E S Đ E A G B I C Đ N F Z V Z U
R G M R J R Z U E X M B S R O R
I P F T I E X K C Y N Đ V G W A
J Z V S D N P I A I U Y L J R E
V X R Z D E Q K Q A J N D A R G
R V Q A J I C A T O R A P J V U
N X N N Č D K Q C M S B F X E L
X P E S J U A W A K J A N O K O
W O Z A E J N E R E M N O G O P
D I A M E T E R G U G A O E A Q
```

UGAO	POLUGE
OSA	LIQUID
IZRAČUN	MAŠINA
GRADNJA	MERENJE
DIJAGRAM	MOTOR
DIAMETER	DUBINA
DIZEL	POGON
DISTRIBUCIJA	ROTACIJA
ENERGIJA	STABILNOST
STRENGTH	STRUKTURA

30 - Énergie

```
Y  U  T  E  K  I  D  O  V  F  M  A  S  W  D  X
C  B  U  L  I  N  O  X  J  J  O  O  F  E  I  R
V  U  R  E  J  D  M  O  T  O  R  T  U  Z  Z  M
X  H  B  K  L  U  A  W  W  O  C  A  O  I  E  E
L  B  I  T  G  S  T  O  P  L  O  T  A  N  L  N
O  C  N  R  U  T  O  K  R  U  Ž  E  N  J  E  T
E  B  A  O  K  R  A  T  E  J  V  H  Đ  P  C  R
L  Z  N  N  H  I  N  R  A  E  L  K  U  N  N  O
E  U  A  O  T  J  R  U  G  X  J  X  X  Q  U  P
K  A  J  G  V  A  G  O  R  I  V  O  H  S  S  I
T  C  I  W  A  L  Q  L  F  L  A  J  A  F  A  J
R  L  R  I  J  Đ  J  W  G  N  Đ  L  A  R  Q  A
I  L  E  T  F  P  E  I  W  B  Đ  Y  S  C  S  W
Č  D  T  D  C  L  T  N  V  P  M  M  U  R  R  T
N  E  A  Z  G  M  H  K  J  O  E  H  Y  C  S  Y
I  W  B  P  D  J  L  V  J  E  B  E  N  Z  I  N
```

BATERIJA	VODIK
UGLJIK	INDUSTRIJA
GORIVO	MOTOR
TOPLOTA	NUKLEARNI
DIZEL	FOTON
ENTROPIJA	ZAGAĐENJE
OKRUŽENJE	OBNOVLJIVO
BENZIN	SUNCE
ELEKTRIČNI	TURBINA
ELEKTRON	VJETAR

31 - Cuisine

```
B O W L Q P Z E V R F F W E V H
K O R Y Y G F Y J O F A S V X P
Č A V I Z R M A Z Š V C Z S L E
L C Š S M P Y N U T P E C E R D
V I N I Č A Z A B I U L F J F T
H N A E K T Z R K L F Đ Đ D A N
H C Đ R F E N H B J R A I A Y R
N E B X D V O X K L I L A X Q F
W P A P G L T V P F Ž M J R C O
S H R X U A F T B I I Š O L J E
U F J I D S K R O F D P Z K R Q
N K G N O Ž E V I X E H Z Đ Y K
Đ T T U R C P B C N R I Z Z B I
E Y Č A J N I K M K E C E L J A
R Y R B V G N Y D F S S P R J K
D W Z Y B B F C C T U X G W Q E
```

BOWL
ČAJNIK
ZAMRZIVAČ
NOŽEVI
JUG
KAŠIKE
ZAČINI
SUNĐER
PECNICA
FORKS

ROŠTILJ
LADLE
HRANA
JAR
RECEPT
FRIŽIDER
SALVETA
KECELJA
ŠOLJE

32 - Corps Humain

```
J C Q C R L D R N N G O O D V Č
V H O Z A A K U R E G N I F S E
N I R P M K R M O N A E T W N L
S N A H E A Y O A S P J N E W J
R L K E N T L Z T U Y L H Y F U
C Z I X N T M A T S U O Đ R Z S
E P V C U T A K N O S K O Ž A T
Q P V G E F U M N O A S M I H M
D I Z G Z G B L V U U H O I F W
Z Z A K C L D A Z K Y R Z N T B
E O Đ X H A N V T H R O F K G J
J V L Z Q V C W D O Q V E G T O
J V R A T A G L E Ž A N J P G S
T R B U H Z X I M O D P Z F R D
H R D T B K F Y A O S D H A X E
I T Đ U J G R B U M I X C I Z I
```

USTA	USNE
MOZAK	RUKA
GLEŽANJ	ČELJUST
VRAT	CHIN
LAKAT	NOS
SRCE	UHO
FINGER	KOŽA
TRBUH	KRV
RAME	GLAVA
KOLJENO	LICE

33 - Biologie

```
P  K  C  U  O  U  B  C  V  A  Đ  B  A  K  S  K
Q  R  N  R  I  H  O  R  M  O  N  Y  Z  L  I  T
Z  Z  O  Z  A  J  I  C  U  L  O  V  E  R  M  H
A  W  R  T  N  E  R  V  E  W  I  E  T  N  B  W
J  Z  U  B  E  T  C  S  O  B  R  I  N  X  I  S
I  K  E  R  O  I  C  Đ  S  Q  B  A  I  D  O  Y
M  S  N  B  Y  H  N  Đ  S  F  M  W  S  O  Z  N
O  U  O  S  M  O  Z  A  L  R  E  Y  O  I  A  A
T  H  T  K  O  L  A  G  E  N  J  R  T  W  S  P
A  R  T  A  G  M  L  P  Z  S  I  H  O  W  S  S
N  O  Q  Đ  C  E  F  O  D  B  R  I  F  C  M  E
A  M  I  L  Y  I  M  T  B  S  E  R  Q  A  I  F
V  O  S  B  O  S  J  U  E  R  T  G  M  A  Z  X
E  S  J  Z  W  K  H  A  A  C  K  A  B  L  N  X
S  O  N  D  O  R  I  R  P  T  A  J  I  L  E  Ć
S  M  S  O  S  O  X  K  T  S  B  D  K  F  D  P
```

ANATOMIJA	MUTACIJA
BAKTERIJE	PRIRODNO
ĆELIJA	NERVE
HROMOSOM	NEURON
KOLAGEN	OSMOZA
EMBRION	FOTOSINTEZA
ENZIM	PROTEIN
EVOLUCIJA	GMAZ
HORMON	SIMBIOZA
SISAR	SYNAPSE

34 - Épices

```
K F S C I C C X Z P H N U N Q U
C I D N E H X S U A Z Q K N J Y
R U S I N A B V X P F O U N I P
Q X R E B I B H N R A Z S Y D Q
T I S R L N Z I O I L K A Đ V D
K P O R Y O O H B K T X A K W M
D O F B X H H H Q A U T M A G V
T A D I V N O V S Č Y L J R X G
V A N I L I J A S E I V Đ D I I
G I N G E R J Đ H Š Y L Q A I O
V R H X K U N V D N W T E M I C
L I C O R I C E Q J C W G O S U
I E R S G M Z U T A K Š U M B M
T Q V V S M V N V K A R O G A I
X K K O M O R A Č C L Đ P M J N
C O R I A N D E R Š A F R A N I
```

KISELO	GINGER
ČEŠNJAK	MUŠKAT
GORAK	LUK
ANIS	PAPRIKA
CIMET	BIBER
KARDAMOM	LICORICE
CORIANDER	ŠAFRAN
CUMIN	UKUS
CURRY	SO
KOMORAČ	VANILIJA

35 - Agronomie

```
T  I  O  M  W  S  F  E  T  E  S  N  A  U  K  A
I  S  T  R  A  Ž  I  V  A  N  J  E  C  Z  P  A
F  P  I  J  R  O  Đ  O  F  Q  J  X  W  E  O  M
E  Z  K  B  A  D  N  O  N  V  O  D  A  M  V  W
A  Y  S  O  K  R  U  Ž  E  N  J  E  Z  L  R  E
P  R  O  I  Z  V  O  D  N  J  A  K  N  J  Ć  O
E  N  E  R  G  I  J  A  R  D  H  J  U  A  E  I
B  S  S  P  O  L  J  O  P  R  I  V  R  E  D  A
N  O  T  O  D  R  Ž  I  V  O  M  G  Y  J  Đ  E
G  S  L  U  T  D  S  Z  L  W  V  Y  T  N  H  R
K  L  C  E  D  Y  P  B  Đ  C  W  A  E  E  H  O
B  F  N  M  S  I  J  F  M  M  S  R  W  Đ  R  Z
M  R  U  E  X  T  J  D  S  G  Q  X  N  A  A  I
A  P  A  J  M  Q  I  A  D  Y  W  S  Y  G  N  J
D  D  K  S  E  K  O  L  O  G  I  J  A  A  A  A
K  B  C  Z  T  Đ  U  B  R  I  V  O  K  Z  K  K
```

POLJOPRIVREDA
RAST
ODRŽIVO
VODA
ĐUBRIVO
OKRUŽENJE
EKOLOGIJA
ENERGIJA
EROZIJA
STUDIJA

SJEME
POVRĆE
BOLESTI
HRANA
ZAGAĐENJE
PROIZVODNJA
ISTRAŽIVANJE
SEOSKI
NAUKA
ZEMLJA

36 - Science

```
M U H F E V O L U C I J A O J M
N O S I E K S P E R I M E N T H
A M L N P U R L G H Č O I N G U
U B I E I O E Z U E I D W H G Q
Č O S K K L T W T F N B K L A P
N P O G S U Y E R C J L G Z J F
I M F L J Q L J Z F E K J L I B
K V E C I T S E Č A N Đ V K R C
M F E L M V M X G K I C A D O P
W I F Z E T U T F I C O S A T X
G T N W H X I P K Z A M E D A S
G W F E O R G A N I Z A M O R N
Z L S W R Đ W E B F E N A T O M
F A J I C A T I V A R G Đ E B Q
K L I M A G L U J M N J N M A S
P R I R O D A I T N Y B I E L Y
```

ATOM   LABORATORIJA
HEMIJSKI   METODA
KLIMA   MINERALI
PODACI   MOLEKULE
EKSPERIMENT   PRIRODA
EVOLUCIJA   ORGANIZAM
ČINJENICA   ČESTICE
FOSIL   FIZIKA
GRAVITACIJA   BILJKE
HIPOTEZA   NAUČNIK

37 - Vêtements

```
D  J  S  Z  A  D  J  F  R  U  Q  T  K  C  J  I
G  Ž  N  X  S  O  G  W  E  A  Đ  E  Y  I  A  L
T  R  E  C  Z  M  L  P  A  J  T  T  S  P  K  I
S  G  J  M  F  E  R  B  L  U  Z  A  Đ  E  N  Z
F  A  F  G  P  S  M  I  H  L  A  Č  E  L  A  M
C  D  A  H  J  E  K  O  Š  U  L  J  A  A  P  K
I  V  R  M  M  G  R  S  I  E  V  U  N  J  B  F
T  V  M  T  W  A  I  A  A  M  Š  N  I  L  A  M
E  B  E  R  W  T  H  N  K  Z  V  Š  J  E  Q  D
G  O  R  A  D  K  I  D  X  X  M  A  L  C  W  M
Z  C  K  E  C  I  V  A  K  U  R  L  A  E  K  O
M  C  E  B  W  Z  E  L  J  M  N  E  H  K  A  D
O  G  R  L  I  C  A  E  L  N  H  T  Đ  Z  P  A
N  A  R  U  K  V  I  C  A  H  K  M  O  L  U  T
A  U  W  T  P  I  D  Ž  A  M  A  U  Y  V  T  R
C  Đ  V  R  Y  V  C  U  O  B  S  O  S  S  K  W
```

NARUKVICA	SUKNJA
KAIŠ	KAPUT
ŠEŠIR	MODA
CIPELA	HLAČE
KOŠULJA	DŽEMPER
BLUZA	PIDŽAMA
OGRLICA	HALJINA
ŠAL	SANDALE
RUKAVICE	KECELJA
FARMERKE	JAKNA

38 - Littérature

```
I  A  J  T  R  O  T  U  A  M  E  O  P  F  D  O
V  N  Q  S  I  P  O  E  M  Q  S  J  O  J  C  L
M  E  F  M  M  P  T  H  M  O  J  H  V  G  X  Z
E  G  H  O  A  O  R  P  D  A  T  D  L  X  S  L
T  D  F  L  J  R  A  B  N  A  R  A  T  O  R  O
A  O  Y  W  I  E  G  I  C  C  Y  X  K  G  H  Y
F  T  H  W  C  Đ  E  O  V  H  Y  P  P  S  Z  D
O  A  N  E  K  E  D  G  D  I  J  A  L  O  G  X
R  R  U  G  I  N  I  R  Đ  B  Y  S  V  S  Y  I
A  P  I  T  F  J  J  A  J  I  G  O  L  A  N  A
Đ  J  O  T  G  E  A  F  A  N  A  L  I  Z  A  Q
S  U  Y  E  A  Đ  A  I  P  G  Đ  X  T  X  M  U
G  Đ  O  N  T  M  C  J  A  R  Y  V  S  V  O  Q
R  V  M  B  B  I  Y  A  F  T  W  E  D  R  R  Q
Y  Y  S  E  B  A  K  A  Č  U  J  L  K  A  Z  D
X  G  N  F  S  K  F  A  P  K  Z  L  E  C  M  S
```

ANALOGIJA	METAFORA
ANALIZA	NARATOR
ANEGDOTA	POEMA
AUTOR	POETIKA
BIOGRAFIJA	RIMA
POREĐENJE	ROMAN
ZAKLJUČAK	RITAM
OPIS	STIL
DIJALOG	TEMA
FIKCIJA	TRAGEDIJA

39 - Nourriture #1

```
Š  W  L  D  O  D  K  Y  Z  L  K  X  X  W  X  N
Đ  P  H  S  U  P  A  T  A  L  A  S  K  J  H  L
N  F  I  Y  H  K  N  D  L  R  O  S  E  M  D  S
Y  K  S  N  S  N  O  C  K  M  K  M  D  V  W  M
B  Y  I  U  A  I  T  U  N  A  E  P  F  R  O  S
A  J  F  M  V  T  O  U  W  Č  J  W  Z  U  Y  Š
S  V  X  I  K  I  M  U  K  E  I  N  H  F  X  E
I  D  Z  L  R  O  I  K  P  J  L  P  Š  R  A  Ć
L  G  X  W  M  A  V  I  J  Y  M  N  W  E  G  E
E  J  P  D  V  J  A  G  O  D  A  E  B  N  Č  R
F  Q  N  K  P  F  F  H  S  U  D  K  M  C  U  Y
S  E  W  Y  D  A  A  I  C  A  Đ  C  Y  I  X  K
L  R  C  T  U  E  K  V  F  R  C  L  B  M  I  S
Z  R  S  R  B  L  X  P  Q  Z  Y  J  J  E  E  R
F  T  O  J  N  R  G  O  R  E  P  A  S  T  X  X
U  A  K  Š  U  R  K  U  L  V  F  G  K  K  M  I
```

ČEŠNJAK	REPA
BASILE	LUK
KAFA	JEČAM
CIMET	KRUŠKA
MRKVA	SALATA
LIMUN	SO
ŠPINAT	SUPA
JAGODA	ŠEĆER
SOK	TUNA
MLIJEKO	MESO

40 - Jours et Mois

```
Q O Q S R L Q U E R S K S L S I
Z D E Q J U N W T C E A E D R N
Y R A B A Z I T F D Đ L P Q I B
D R A U R B E F R J S E T A J X
K A J L E J D E N O P N E V E D
G B B U L Q N B M T K D M G D B
V M K Q S I A I Đ J P A B U A Q
N E D J E L J A X I E R A S M M
G V M C O U S K Z I H S R T B R
W O W A H J E A P R I L E T G N
Y N K P R J D R J T A Z Z C F Đ
D L G Z K T M O M Q B B S O K D
J A N U A R I T H D J M O E V P
P E T A K N C U K A T R V T E Č
S U B O T A U N V J Đ A M G K L
D O C T T M H B V K M L W N C O
```

AVGUST   UTORAK
APRIL   MART
KALENDAR   SRIJEDA
NEDJELJA   MJESEC
FEBRUAR   NOVEMBAR
JANUAR   OKTOBAR
ČETVRTAK   SUBOTA
JULI   SEDMICU
JUN   SEPTEMBAR
PONEDJELJAK   PETAK

41 - Jardinage

```
K O N T E J N E R V O Ć N J A K
K L I M A K S E Y I I S C Đ J Y
F X L F W L K N Z Z L Y R I C S
Y E R M G X S O M W U Q K G E A
O H H L U T G X P K S H R V L J
V K H M Y R M L T O V E J I R C
I L O D F M R Q Y M V L K N I Y
T A A Z T E G B V P R I V T S Z
S K D G K M G W B O S Š T E F Y
E H O Đ A E F Z N S T Ć O J B I
J Z V U L J C X O T A E C V L N
B U K E T S I L Q T E N G C O Z
I K M J V B L A T O I V F I S C
S E Z O N S K I E K R Č I B S U
B O T A N I Č K I Z O Q N R O X
U Đ A Z E M L J A E T C N O M R
```

BOTANIČKI	BLOSSOM
BUKET	CVJETNI
KLIMA	SJEME
JESTIVO	VLAGA
KOMPOST	KONTEJNER
VODA	SEZONSKI
VRSTA	BLATO
EGZOTIČNO	ZEMLJA
LIŠĆE	CRIJEVO
LIST	VOĆNJAK

42 - Entreprise

```
F  I  N  A  N  S  I  J  E  J  K  T  K  C  P  W
L  Q  N  Y  N  I  G  Q  R  X  O  R  A  F  O  F
P  O  R  E  Z  I  D  D  O  U  S  A  N  A  S  A
O  B  F  A  F  N  Z  Đ  B  F  T  N  C  B  L  P
U  I  N  E  L  S  O  P  A  Z  R  S  E  R  O  H
K  A  R  I  J  E  R  A  W  Y  :  A  L  I  D  Q
Y  P  R  O  D  A  V  N  I  C  A  K  A  K  A  Y
Z  D  X  O  N  T  U  R  U  V  M  C  R  A  V  C
A  T  Đ  Y  Y  U  P  L  G  P  R  I  I  J  A  A
G  I  X  B  Z  L  H  R  A  B  I  J  J  A  C  P
N  F  U  S  W  A  N  W  I  G  F  A  A  D  P  C
T  O  X  W  W  V  N  Đ  K  H  A  A  P  O  S  R
Z  R  V  J  E  A  C  E  A  A  O  N  D  R  N  X
R  P  R  A  I  Đ  R  S  X  R  V  D  J  P  W  C
Q  Đ  X  K  C  B  U  D  Ž  E  T  K  R  E  E  Q
G  G  S  I  S  V  Y  E  K  O  N  O  M  I  J  A
```

NOVAC	EKONOMIJA
PRODAVNICA	FINANSIJE
BUDŽET	POREZI
KANCELARIJA	ULAGANJE
KARIJERA	ROBA
KOST	PROFIT
VALUTA	PRIHOD
POSLODAVAC	TRANSAKCIJA
ZAPOSLENI	FABRIKA
FIRMA:	PRODAJA

43 - Activités

```
K U Z K B K G I R J Y T E N M A
E M A A V R T L A R S T V O F A
R J N M O V T S J L O V O D A Z
A E A P C I D L T G U O H O U L
M T T I G D E I L U J L I U P O
I N I R M O E K T E N O G A Z V
K O R A J I G A M F U B I L U E
A S N N Č I T A N J E I D G P J
O T S J Š I V A N J E R B I R N
H P D E J N A T Š U P O L Y W E
L E I S U R E A K T I V N O S T
F O T O G R A F I J A W X I M E
J A J V J E Š T I N A Đ Đ O U L
M B Q D J G T E V E J Đ R Q R P
A B F N Đ Y O C Z P I K S U I D
S Z F Đ F G J P D G K F R J A D
```

AKTIVNOST	ČITANJE
UMJETNOST	LEISURE
ZANATI	MAGIJA
KAMPIRANJE	SLIKA
KERAMIKA	RIBOLOV
LOV	FOTOGRAFIJA
VJEŠTINA	ZADOVOLJSTVO
ŠIVANJE	ZAGONETKE
VRTLARSTVO	OPUŠTANJE
IGRE	PLETENJE

44 - Fleurs

```
R H C S B Đ C V I M D Đ Z Z T X
D P I L U T Z J T Đ T V J J R F
L Y P P O P Đ B Y X V J M Y A I
X A S P O V F A K X F S H Z T L
U Y V G F Z E H S U K S I B I H
H J N A V O G R O J J X P B N P
U P X Y N O E P N Q Đ J K P Č E
B U K E T D B U R O H T W V I T
D Z V U N R A I R E M U L P C A
A J E D I H R O X A P Z Đ L A L
F I F N S U N C O K R E T Z P Q
F U A F I G A R D E N I A I D D
O R P E V M M A S L A Č A K K N
D N J H F X S M A G N O L I J A
I S X C F R O A L I L Y R Đ Y Z
L Q Y X F T S R J B D J F E C H
```

BUKET   ORHIDEJA
GARDENIA   POPPY
HIBISKUS   PETAL
JASMINE   MASLAČAK
DAFFODIL   PEONY
LAVANDA   PLUMERIA
JORGOVAN   SUNCOKRET
LILY   CLOVER
MAGNOLIJA   TULIP
TRATINČICA

45 - Nourriture #2

```
A M M P Q C M P Đ P Y O O P G N
S U S V C U O Z M A R J B A F C
M R L O Z C Q G J L B L V T T R
A Z I F D W E F H H H W A L P B
R H F I A Z F G A T J I V I K S
K Y U O I K J Đ R E L E C D A Y
M Š Đ Q X A D A L O K O Č Ž W D
H U R K C E D B X Q Ž R O A W V
C N W P Š E N I C A T Đ I N K K
Đ K M Z O A O R J V R B E Ž C G
K A L U K O R B Z I E A G F A R
T K P D O T G Y F J Š D V N N C
Y U L R K E M N C L N E A E A J
S B A R A F R S A G J M U L N V
N A F M Y A L Đ Đ M A I T X A V
Y J J A J E P A R A D A J Z B W
```

BADEM	KIVI
PATLIDŽAN	MANGO
BANANA	JAJE
PŠENICA	KRUH
BROKULA	RIBA
TREŠNJA	JABUKA
CELER	KOKOŠ
GLJIVA	GROŽĐE
ČOKOLADA	RIŽA
ŠUNKA	PARADAJZ

46 - Algèbre

```
O  X  S  Y  U  P  M  T  U  L  K  T  F  F  V  M
K  E  U  F  A  L  S  E  W  L  G  W  Đ  A  S  H
F  C  M  A  R  G  A  J  I  D  D  J  O  K  Q  X
A  P  A  N  I  Č  I  L  O  K  D  T  H  T  R  Q
B  R  C  Z  A  G  R  A  D  A  E  V  J  O  R  B
E  O  I  O  D  U  Z  I  M  A  N  J  E  R  G  J
S  B  R  R  J  E  Š  E  N  J  E  U  I  M  R  D
K  L  T  D  P  M  E  X  P  O  N  E  N  T  A  G
O  E  A  D  O  D  A  T  A  K  Q  B  T  E  F  O
N  M  M  F  O  R  M  U  L  A  L  U  N  X  D  Y
A  Q  N  N  P  O  J  E  D  N  O  S  T  A  V  I
Č  W  U  Đ  W  F  G  K  R  B  J  Đ  T  A  U  I
N  X  F  G  B  A  M  Z  T  J  F  Đ  E  C  H  P
O  Y  J  H  S  P  H  D  S  U  T  F  Q  H  N  T
J  E  D  N  A  Č  I  N  A  E  K  C  I  Q  K  S
J  V  A  R  I  J  A  B  L  A  V  Y  P  B  Z  V
```

DODATAK	BROJ
DIJAGRAM	ZAGRADA
EXPONENT	PROBLEM
JEDNAČINA	KOLIČINA
FAKTOR	POJEDNOSTAVI
FALSE	RJEŠENJE
FORMULA	SUMA
GRAF	ODUZIMANJE
BESKONAČNO	VARIJABLA
MATRICA	NULA

47 - Océan

```
Z M K G U P P F D R F E W R I Y
L P M I R K O R A L C Z C V R W
S C T S T E X H N P M A K Š A D
Y S E A S A B D U Y U Č Q V K G
D X H L J J O E T V Z A R F E V
H V V A H U W B N R U J O F K Y
S R X T Q L Z R P E Q N L F O N
R I B A B O N D L Đ T R B K H J
U H R R E G A C I N T O B O H E
O Y S T E R Q D M U I K M D E G
D E L F I N T G E S S Q E X S U
P M Q H A J K U L A O Đ D C Z L
Y A N X V Q E U S B Z K U S Z J
Y X P A C S S T G G O U Z Đ R A
C B S W Y S L P O U C H A U T V
Z I Đ U C E R G H I Z O C J G F
```

JEGULJA	MEDUZA
KIT	RIBA
BOAT	HOBOTNICA
KORAL	AJKULA
RAK	GREBEN
ŠKAMP	SO
DELFIN	OLUJA
SUNĐER	TUNA
OYSTER	KORNJAČA
PLIME	TALASI

48 - Antiquités

```
E T C L S W B U L A G A N J E B
U N B I R E S T A U R A C I J A
S T A R J N A K I T T J R M H S
E I E Y D E C I N A V O K S K S
P H S Đ W O N Č I T N E T U A L
H T E P A N F A V G D V Đ K R I
N A M J E Š T A J B J T D V U K
H Y Q B U M J E T N O S T A T E
A U K C I J A W D A N O E L P N
G J C X L O C N A T S N V I L E
Z L I E F H Đ I T N A D D T U O
J N U R N G U D S A R E X E K B
L S M B E T M Z T G K J C T S I
F T I M E L U Z I E U I W H J Č
E I J O G O A R L L W R L B U N
I L R V T C Y G Y E A V Q Q Z O
```

UMJETNOST
AUTENTIČNO
NAKIT
UKRASNO
AUKCIJA
ELEGANTAN
GALERIJA
NEOBIČNO
ULAGANJE
NAMJEŠTAJ

SLIKE
KOVANICE
CIJENA
KVALITET
RESTAURACIJA
SKULPTURA
CENTURY
STIL
VRIJEDNOST
STAR

49 - Réchauffement Climatique

```
I  C  A  D  O  P  R  E  T  Q  T  Q  T  E  Z  T
N  A  J  M  E  Đ  U  N  A  R  O  D  N  I  A  E
D  T  I  I  Q  S  N  Z  Y  L  B  W  B  I  K  M
U  Y  G  O  X  Z  U  H  F  M  Q  Y  Q  R  O  P
S  B  R  D  X  T  Y  Đ  Z  J  A  J  L  Q  N  E
T  F  E  N  E  J  M  O  R  P  B  N  G  Đ  O  R
R  R  N  T  S  O  N  Ć  U  D  U  B  E  I  D  A
I  G  E  X  J  T  J  Q  L  S  O  I  N  E  A  T
J  E  A  J  N  Ž  A  P  O  A  J  I  E  A  V  U
A  O  I  S  G  F  D  N  E  D  B  H  R  F  S  R
F  P  I  T  E  D  A  X  I  A  W  T  A  L  T  E
K  I  T  K  R  A  L  H  Đ  Š  Y  X  C  B  V  X
G  R  N  D  X  R  V  E  O  A  T  Đ  I  R  O  S
E  J  I  C  A  L  U  P  O  P  Y  A  J  T  Y  H
P  U  J  Z  R  A  Z  V  O  J  O  K  E  M  Y  T
Z  N  U  P  A  M  I  L  K  N  A  U  Č  N  I  K
```

ARKTIK
PAŽNJA
PROMJENE
KLIMA
KRIZA
RAZVOJ
PODACI
ENERGIJA
BUDUĆNOST
GAS

GENERACIJE
VLADA
STANIŠTA
INDUSTRIJA
MEĐUNARODNI
ZAKONODAVSTVO
SADA
POPULACIJE
NAUČNIK
TEMPERATURE

50 - Ballet

```
P Z Z O K I Q X O K C Q K Z A Đ
E R B N W N C V K O L O S L K J
T T O T E T S E G M A T I R Đ I
V E Y B Đ E W X L P Y I F M C E
L H W G A N D O I O Q S Y M F H
D N M U J Z K N A Z O I C A R G
V I Q Z K I I K Č I N T E J M U
O K T U T I U T T R B J L L Q
N A D Z D E E A F O W Q Z G O W
J N V I G T Y N J R T L P S J E
A M V J E Š T I N A K I Z U M V
Ž P I S T I L R P L E S A Č I Z
A G L Š B K G E D E C V H A W X
R Q P A I M Q L A J Y C Đ X L E
Z Z V M U Ć R A T S E K R O Q V
I D S K L Z I B X T S X Đ Đ C K
```

APLAUZ
UMJETNIČKI
BALERINA
VJEŠTINA
KOMPOZITOR
PLESAČI
IZRAŽAJNO
GEST
GRACIOZAN

INTENZITET
MIŠIĆI
MUZIKA
ORKESTAR
PROBA
RITAM
SOLO
STIL
TEHNIKA

51 - Fruit

```
B  J  A  B  U  K  A  N  A  N  A  B  Y  K  L  K
Đ  E  O  D  S  A  S  A  N  A  N  A  D  I  I  R
J  Đ  R  I  N  C  Q  R  J  G  Đ  J  I  V  M  U
S  Ž  F  R  N  I  R  A  T  K  E  N  N  I  U  Š
O  O  M  M  Y  V  J  N  N  D  W  Š  J  A  N  K
G  R  G  I  Đ  K  F  D  R  C  F  E  A  T  X  A
L  G  Đ  Y  O  S  I  Ž  E  V  G  R  N  N  N  E
A  A  C  I  L  E  R  A  M  F  X  T  I  I  X  C
T  V  L  M  Q  R  T  S  T  Y  I  S  L  G  G  R
H  O  D  R  S  B  M  T  U  P  M  G  A  P  W  Q
V  D  W  S  B  L  G  O  B  B  F  A  M  Q  X  Y
P  A  P  A  Y  A  S  U  I  C  Q  J  N  C  Q  X
Z  K  Y  H  Y  E  C  V  F  S  C  G  Q  G  T  Q
D  O  A  J  B  Z  M  D  X  G  J  Y  J  H  O  V
L  V  F  Đ  L  W  K  F  Q  Z  F  K  W  R  Y  R
N  A  P  Y  G  U  A  V  A  N  F  J  H  L  Y  M
```

MARELICA	KIVI
ANANAS	MANGO
AVOKADO	DINJA
BERRY	NEKTARIN
BANANA	NARANDŽASTO
TREŠNJA	PAPAYA
LIMUN	BRESKVICA
FIG	KRUŠKA
MALINA	JABUKA
GUAVA	GROŽĐE

52 - Technologie

```
F  I  D  P  V  P  S  U  R  I  V  L  N  H  K  P
Z  N  I  E  S  R  T  S  O  N  R  U  G  I  S  O
U  T  G  C  M  E  A  N  R  T  B  O  C  I  Đ  D
C  E  I  M  U  G  T  T  O  A  R  E  M  A  K  A
H  R  T  N  F  L  I  H  N  F  Č  R  Z  Y  G  C
L  N  A  V  Đ  E  S  R  L  A  J  U  F  T  V  I
W  E  L  A  Z  D  T  R  A  K  I  I  N  V  S  T
F  T  N  U  O  N  I  I  U  V  F  A  O  A  R  P
A  Z  O  A  Q  I  K  U  T  A  G  F  I  G  R  R
J  F  L  V  R  K  A  W  R  S  O  F  T  V  E  R
L  T  A  O  D  K  X  S  I  I  D  D  T  B  G  I
R  N  P  T  R  Q  E  O  V  P  H  K  P  B  N  N
A  Y  E  J  N  A  V  I  Ž  A  R  T  S  I  G  D
X  Z  H  A  K  U  R  O  P  E  K  U  R  S  O  R
D  S  B  B  N  J  N  R  Y  L  F  O  X  P  L  Z
G  R  P  D  G  V  P  H  H  H  E  Z  H  S  B  S
```

BLOG	DIGITALNO
KAMERA	BAJTOVA
KURSOR	RAČUNAR
PODACI	FONT
EKRAN	ISTRAŽIVANJE
FAJL	SIGURNOST
INTERNET	STATISTIKA
SOFTVER	VIRTUALNO
PORUKA	VIRUS
PREGLEDNIK	

53 - Musique

```
B N D P V B P M J Đ X R V B M J
S A R E P O J X U Z L F O E E Y
I J L Đ W L E X R Z K E K N L N
R W X A N F V W M K I R A O O Y
I Q P Y D C A J I D Z Č L F D S
T T N E M A T I R L U J A O I I
M N I J E O I Y A Z J O J R J N
I E K N H P R T K J M U I K A G
Č M H A R M O N I K H X N I F E
K U P M G E U Q S D D H O M T R
I R O I L T G B A D I A M P A C
T T P N R X P H L Q J Q R U T Đ
X S Q S O N R N K A J W A V Q E
C N M Y Đ O C T A R R M H P S R
L I R S K I A P G G L H T F N M
B R L H W X P O E T I K A V U T
```

ALBUM   MELODIJA
BALADA   MIKROFON
PJEVATI   MJUZIKL
SINGER   MUZIČAR
KLASIKA   OPERA
SNIMANJE   POETIKA
HARMONIJA   RITAM
HARMONIK   RITMIČKI
INSTRUMENT   TEMPO
LIRSKI   VOKAL

54 - Météo

```
Z  S  H  A  A  P  T  N  N  Q  J  V  M  T  Y  H
T  W  X  I  D  Z  E  Z  Q  E  P  J  H  H  F  P
K  V  Q  S  U  Đ  M  P  V  Y  E  E  B  U  Đ  F
S  L  L  H  Đ  F  P  S  U  H  O  T  Z  N  G  J
M  D  I  G  R  A  E  Z  N  O  Q  A  K  D  X  A
L  E  D  M  P  N  R  A  L  O  P  R  F  E  N  O
V  X  P  Z  A  K  A  L  B  O  D  A  N  R  O  T
X  L  D  Y  G  G  T  G  P  O  P  L  A  V  A  S
K  J  A  J  U  X  U  A  A  H  T  C  W  I  S  K
J  R  J  Ž  D  Đ  R  M  J  R  N  G  J  V  Đ  Đ
J  G  N  Đ  N  P  A  Š  U  S  U  N  E  B  O  G
P  Z  U  X  M  O  Q  F  L  F  S  J  T  M  M  B
K  O  M  Z  Y  O  T  Y  O  K  N  G  H  W  K  H
A  T  M  O  S  F  E  R  A  T  O  H  W  X  V  F
I  T  W  G  O  I  E  Y  E  B  M  G  P  K  B  A
R  Đ  R  A  V  Z  K  S  Q  B  F  Y  B  Đ  Đ  Y
```

DUGA	OBLAK
ATMOSFERA	URAGAN
MAGLA	POLAR
NEBO	SUHO
KLIMA	SUŠA
MUNJA	TEMPERATURA
LED	OLUJA
VLAŽNO	THUNDER
POPLAVA	TORNADO
MONSUN	VJETAR

55 - L'Entreprise

```
N Đ N Z P P B J U D K W J T Z G
S B L R X Đ R T W G D K Đ R F L
C A H J Đ I U I C I Z I R E E O
R O V E B Q N A H B D D O N J B
F N N V K Đ Y O E O C W D D N A
U L A G A N J E V Đ D T L O A L
I A V Q D T N V K A G E U V V N
N N I E E S B V I G T T K I A O
D O T P R O I Z V O D I A F J J
U I A C P N S J Đ S E L V I L E
S S E V A Ć R P K M L A W N Š D
T E R A N U U L O P G V R N O I
R F K P V G S E W S U K N J P N
I O Y Q T O E H O H A G C F A I
J R Y R W M R J Y Đ M O C Đ Z C
A P P R E Z E N T A C I J A C E
```

POSAO

KREATIVAN

ODLUKA

ZAPOŠLJAVANJE

GLOBALNO

INDUSTRIJA

INOVATIVNO

ULAGANJE

MOGUĆNOST

PREZENTACIJA

PROIZVOD

PROFESIONALNO

NAPREDAK

KVALITET

RESURSI

PRIHOD

UGLED

RIZICI

TRENDOVI

JEDINICE

56 - Gouvernement

```
C B M B N Q T R P W Y U E J T S
Z I H A T S O N S I V A Z E N P
N V V V P E J N A T S D S D O O
D A L I V O L H R O V O G N K M
Z T C Y L O Y B K I O B R A A E
W S B I K W R E Y K M O Q K Z N
V U O G J D T O L S R L L O H I
T F N Y Đ A R K O D K S J S E K
O I E S W R T O B U Đ F N T C Đ
J D R X U W F O M S Z D T E P A
D E M O K R A T I J A Z X V Q H
P R A V D A J I S U K S I D X Q
U Y D R Ž A V L J A N S T V O F
Q C M A A E W L M C C V L E J O
H O D J P C V O Đ A V A R P Z R
B M H D E Y Đ H P O L I T I K A
```

DRŽAVLJANSTVO	SUDSKI
CIVIL	PRAVDA
USTAV	VOĐA
DEMOKRATIJA	SLOBODA
GOVOR	ZAKON
DISKUSIJA	SPOMENIK
PRAVA	NACIJA
JEDNAKOST	MIRNO
STANJE	POLITIKA
NEZAVISNOST	SIMBOL

57 - Randonnée

```
O  P  S  J  Y  O  B  H  A  D  Q  E  Ž  Đ  N  K
T  P  L  A  J  I  C  A  T  N  E  J  I  R  O  A
E  G  A  A  M  E  R  P  I  R  P  D  V  E  O  M
Š  E  E  S  N  A  R  O  M  U  E  V  O  J  W  P
K  Đ  M  S  N  I  V  O  K  R  A  P  T  V  C  I
A  Q  A  U  W  O  N  K  L  I  M  A  I  M  J  R
M  M  P  N  Z  N  S  A  D  O  H  G  N  F  K  A
T  R  A  C  X  F  Q  T  M  Y  A  J  J  I  F  N
S  N  V  E  B  R  F  F  I  L  C  H  E  J  L  J
A  D  J  M  G  X  A  F  Č  M  U  I  J  J  Q  E
M  Y  E  Z  V  O  D  A  I  F  U  C  N  J  R  H
I  Z  V  I  Đ  W  O  Đ  D  X  R  V  E  D  I  V
T  Đ  W  Č  Q  W  R  O  O  Y  O  E  M  I  D  G
D  I  V  L  J  I  I  K  V  Y  Đ  Đ  A  I  Q  E
A  J  H  V  G  O  R  S  G  Y  L  U  K  B  Z  B
L  Q  Z  V  Đ  U  P  J  H  L  Q  O  K  Y  T  K
```

ŽIVOTINJE	TEŠKA
ČIZME	PLANINA
KAMPIRANJE	PRIRODA
MAPA	ORIJENTACIJA
KLIMA	PARKOVI
OPASNOSTI	KAMENJE
VODA	PRIPREMA
CLIFF	DIVLJI
UMORAN	SUNCE
VODIČI	SAMIT

58 - Nutrition

```
J  P  Q  K  F  C  C  Q  J  Q  P  F  U  T  Q  Z
S  E  S  N  G  C  L  K  V  H  L  E  E  J  M  A
A  Đ  S  K  A  L  O  R  I  J  E  R  O  Đ  Q  Č
S  T  U  T  T  Z  T  X  V  J  B  M  N  J  U  I
T  R  K  V  I  B  A  L  A  N  S  E  C  R  B  N
O  K  U  N  T  V  E  X  T  C  Z  N  V  Q  U  I
J  L  S  A  S  A  O  C  E  L  U  T  R  Y  B  K
C  E  O  P  O  R  Đ  E  J  L  V  A  R  D  Z  S
I  V  S  E  N  D  T  Q  I  A  I  C  C  K  B  T
R  H  B  T  Č  Z  E  H  D  K  W  I  O  D  H  X
V  B  Đ  I  E  L  Ž  E  J  P  Y  J  Đ  W  B  T
P  D  Đ  T  T  I  I  J  N  I  M  A  T  I  V  T
T  O  K  S  I  N  N  P  R  O  T  E  I  N  I  V
G  O  R  A  K  P  A  V  A  B  O  R  P  I  H  X
K  G  Y  X  A  Z  W  V  V  C  T  S  M  P  G  L
B  H  K  V  A  L  I  T  E  T  Đ  I  H  L  S  J
```

GORAK	TEČNOSTI
APETIT	TEŽINA
KALORIJE	PROTEINI
JESTIVO	KVALITET
DIJETA	ZDRAV
PROBAVA	ZDRAVLJE
ZAČINI	SOS
BALANS	UKUS
FERMENTACIJA	TOKSIN
SASTOJCI	VITAMIN

59 - Créativité

```
S  M  P  T  N  F  F  E  J  I  C  O  M  E  W  V
I  P  A  S  Y  G  P  L  U  K  E  T  M  V  N  J
N  O  O  O  X  Q  L  G  U  Č  J  N  T  I  T  E
T  L  N  N  L  A  G  Z  N  I  E  E  F  Z  S  Š
E  B  V  L  T  O  S  Z  D  N  D  Z  R  I  O  T
N  Y  I  A  M  A  N  O  B  T  I  N  Z  J  N  I
Z  V  T  T  H  T  N  M  A  E  Y  Q  O  E  Č  N
I  H  N  I  Ž  C  O  E  J  C  Y  B  S  I  A
T  Đ  E  V  C  A  M  G  V  M  G  B  V  A  T  J
E  T  V  R  B  M  G  Z  D  U  Y  K  F  P  N  I
T  I  N  S  P  I  R  A  C  I  J  A  R  G  E  C
B  R  I  H  F  B  G  R  K  A  S  I  T  U  T  A
J  A  S  N  O  Ć  A  Z  O  I  D  V  C  C  U  Z
E  U  I  B  B  B  F  I  A  U  L  A  M  I  A  N
I  N  T  U  I  C  I  J  A  F  X  S  E  S  O  E
Đ  J  I  D  R  A  M  A  T  I  C  N  O  T  J  S
```

UMJETNIČKI	MAŠTA
AUTENTIČNOST	UTISAK
JASNOĆA	INSPIRACIJA
VJEŠTINA	INTENZITET
DRAMATICNO	INTUICIJA
IZRAZ	INVENTIVNO
EMOCIJE	SENZACIJA
FLUIDNOST	SPONTANO
IDEJE	VIZIJE
SLIKA	VITALNOST

60 - Science Fiction

```
A D G D R T S Z Đ X K W A G K F
X O Q I W K V O G V Đ E I M H U
H U O N Z O I R E T S I M A T T
R O B O T I J C C H K I Q Z W U
K N I N I C E V A I S V S R H R
R Č D R C H T R J L D O O C D I
I I I A A J I Z U L I S A D O S
B T S N J N E X T R E M E W S T
I S T I I Y E L C A R O I Q G I
O A O G S Q Q C T W A Y P Y I Č
S T P A K E R Y S K N J I G E K
K N I M A J I Z O L P S K E U I
O A J I L T E H N O L O G I J A
P F A S A K R P Z U T O P I J A
P A L I G J D O K M Q Z I S Đ E
A T O M I C Đ P L A N E T A R S
```

ATOMIC
BIOSKOP
DISTOPIJA
EKSPLOZIJA
EXTREME
FANTASTIČNO
PALI!
FUTURISTIČKI
GALAKSIJA
ILUZIJA

IMAGINARNO
KNJIGE
SVIJET
MISTERIOZNO
ORACLE
PLANETA
ROBOTI
SCENARIO
TEHNOLOGIJA
UTOPIJA

61 - Professions #1

```
V H Y C G T Q H Q Q X K G Z P J
E W G N O H R A Č I Z U M L I R
T Z N M D Y N E Y A V D A A J Q
E L O V A C V K N Đ T R A T A S
R H G R A K N A B E J O I A N G
I K I N T E J M U W R D X R I W
N S A C A S A G O R T A V L S H
A G K I N D E R U E E S M M T K
R V P B A A B S D C X A B S N A
Q Q R Y L L H B Đ N E B I X A R
R G E O L O G B Z A H M K Đ U T
Y Z J T T B U Y Đ D L A Z A Č O
S V Y Z L K A S T R O N O M N G
M W Q X H G O L O H I S P E I R
A D V O K A T D H V F Q V P K A
C H T O X F Y E I V J M A G Q F
```

AMBASADOR
UMJETNIK
ASTRONOM
ADVOKAT
BANKAR
ZLATAR
KARTOGRAF
LOVAC
DANCER
TRENER

UREDNIK
GEOLOG
SESTRO.
DOKTOR
MUZIČAR
PIJANIST
VATROGASAC
PSIHOLOG
NAUČNIK
VETERINAR

62 - Géologie

```
S F N N G V Q K S P E K L C N I
J T O E R T E A N L R O S M D B
P Q A S Y Q G L G A O N S A T U
L U M L I G T C B T Z T T V P V
C N A V A L P I D E I I O U E Z
K O R A L G C J Đ A J N N L Ć J
Z Z Y R Z Q M E O U A E E K I F
C B A S T B J I C L P N O A N A
M I N E R A L I T L S T X N A V
K R I S T A L I Đ I S Y L M Đ O
M I L S T A L A K T I T T E W X
F Z E Đ Z Q G T U L J Y Q A L L
I J S R J T K V A R C D X W D L
O E I Q W N T O R F T E I Đ Z M
R G K G Đ Đ R H K M Y A H H Y Y
A H Đ T X R O A C Đ L M A V Y B
```

KISELINA	LAVA
KALCIJ	MINERALI
PEĆINA	STONE
KONTINENT	PLATEAU
KORAL	KVARC
SLOJ	SO
KRISTALI	STALAKTIT
EROZIJA	STALAGMITI
FOSIL	VULKAN
GEJZIR	ZONU

63 - Jardin

```
K B Q L U T H X C J A B F Y U J
A O V E J I R C L O A S A R E T
J V R B I B W A P U L K V Š F U
N R H O M X L J V N Z D A X T Đ
Ć D C T V J A L E N I V R Z U A
O N Q B S X C M X N J G T K H D
V O A N W H H E K A R A Z G A W
U P B I B E K Z E T Y T K C N J
C V I J E T A B G B M A C Y Đ G
D T R A M P O L I N B P O D Y A
C E Z L I V K G W Q F O M Q R R
E F Z D E T D S L M Q L M G O A
O G R A D A G R M V E G A D M Ž
O X F P T Q L P X W N P H J P A
B N I G R V S Z Q G O V L Đ Đ Q
G Q I F J K F T G L N I I Đ K N
```

DRVO	KOROV
KLUPA	LOPATA
GRM	TRAVNJAK
OGRADA	RAKE
POND	ZEMLJA
CVIJET	TERASA
GARAŽA	TRAMPOLIN
HAMMOCK	CRIJEVO
TRAVA	VOĆNJAK
BAŠTA	VINE

64 - Santé et Bien Être #1

```
T E J N A T Š U P O H K F B R V
N A J I P A R E T X R R R A E I
E B S G C D O E M Q P B A K F R
K O Ž A O E T N T B C D K T L U
X M P Y S R K Q A M Q A T E E S
J P Z B A V O Đ N V A G U R K F
K O S T I O D Đ I Y I N R I S L
E S M D N P A A S H T K A J G J
J U G F O H L X I K V K A E M H
I J V X M Q G R V R L A O H K H
L R P U R U P A L R N I M B C F
L P R H O B B J Q G W Ć N S H X
L Đ X F H H A K W A S I Q I A R
Đ U U T A P O T E K A Š E W K R
A K T I V N O O E K Q I S U N A
G C C L P Đ J E G J Z M L B D W
```

AKTIVNO	LIJEK
BAKTERIJE	MIŠIĆI
POVREDA	KOSTI
KLINIKA	KOŽA
GLAD	APOTEKA
FRAKTURA	OPUŠTANJE
NAVIKA	REFLEKS
VISINA	TERAPIJA
HORMONI	TRETMAN
DOKTOR	VIRUS

65 - Barbecues

```
F  G  O  W  V  W  C  T  Z  N  R  P  G  L  A  D
B  V  A  F  A  R  I  N  M  O  S  O  V  O  Ć  E
L  I  W  D  U  Y  U  T  Q  Ž  Q  R  K  C  F  Ć
O  Đ  B  Z  H  L  K  Ć  W  E  V  O  L  V  M  R
U  W  R  E  P  V  A  O  E  V  A  D  I  X  K  V
L  M  E  S  R  J  Č  F  K  I  P  I  G  E  X  O
S  A  L  A  T  E  U  H  G  O  G  C  R  S  H  P
O  C  A  R  T  Y  R  B  Đ  J  Š  A  E  E  Y  W
S  E  G  E  K  A  Y  Q  M  M  F  K  K  K  X  Z
Z  J  N  Č  X  L  Z  C  R  T  Y  I  J  X  B  A
L  D  Y  E  C  U  S  E  G  I  L  Z  B  U  E  Y
E  O  J  V  W  K  P  I  G  K  L  U  B  P  S  L
T  R  O  Š  T  I  L  J  Đ  Đ  T  M  T  A  R  A
O  R  P  A  R  A  D  A  J  Z  F  E  Q  Q  V  K
W  T  X  Z  P  Y  A  P  D  K  Q  A  X  O  P  R
A  F  G  S  R  B  L  A  L  N  U  K  N  H  E  W
```

VRUĆE	IGRE
NOŽEVI	POVRĆE
RUČAK	MUZIKA
VEČERA	LUK
DJECA	BIBER
LETO	KOKOŠ
GLAD	SALATE
PORODICA	SOS
VOĆE	SO
ROŠTILJ	PARADAJZ

66 - Forêt Tropicale

```
R  E  S  T  A  U  R  A  C  I  J  A  O  N  E  B
P  A  G  Z  T  V  O  D  O  Z  E  M  C  I  A  U
I  R  I  G  S  S  O  M  Z  O  I  T  M  Y  I  T
N  G  I  D  R  K  N  U  N  Z  B  A  Đ  P  Đ  O
S  V  R  R  V  Đ  P  T  I  C  E  L  K  B  A  Č
E  S  A  G  O  S  J  S  N  F  J  Q  A  I  H  I
K  F  S  L  N  D  Z  O  O  Z  N  B  N  C  Đ  Š
T  F  I  M  D  W  A  K  T  U  A  Y  A  E  I  T
I  D  S  J  E  B  C  I  H  D  V  K  T  D  J  E
F  Ž  F  D  J  P  T  L  O  B  U  G  S  N  L  C
Y  U  V  I  I  E  X  O  T  P  Č  F  P  I  D  Đ
T  N  N  A  R  K  Z  N  U  K  O  I  O  B  F  C
B  G  R  Q  V  B  E  Z  A  M  I  L  K  K  Q  V
R  L  Đ  Q  D  V  Z  A  C  I  N  D  E  J  A  Z
X  A  E  D  Q  E  O  R  I  B  M  C  P  E  U  U
B  O  T  A  N  I  Č  K  I  W  K  E  A  Z  D  N
```

VODOZEMCI
BOTANIČKI
KLIMA
ZAJEDNICA
RAZNOLIKOST
VRSTA
AUTOHTONI
INSEKTI
DŽUNGLA
SISARI

MOSS
PRIRODA
OBLACI
PTICE
VRIJEDNO
OČUVANJE
UTOČIŠTE
RESTAURACIJA
OPSTANAK

67 - Insectes

```
O I C K J W J L P O N A Y A W D
G O A C O I B A V Č U U V P U R
N Đ G W V C R D R Đ E X E H U A
D Y K K L N F Y C I H L C I Đ G
B K W U O O P B I V D G A D M O
U Z L L T E B U C I C A V O A N
B E S W O I A G A X R T A X N F
A L T I H C H N D B R E K Q T L
Š W R L R A U H A A V R A L I Y
V A Š V T R B S Q B R M K Đ S J
A S L N N A P Q T N A I S T G G
B P J R Z M Đ D V J B T T F X N
A C E T E O D F T G U Q I P O A
Z A N D D K J A W J B P A G E T
X G R W X D O S W N L W J Q K L
U S Đ C W O K I E T Y F K Đ Đ D
```

PČELA	MANTIS
BUBAŠVABA	GNAT
CICADA	KOMARAC
LADYBUG	LEPTIR
LOCUST	BUHA
ANT	APHID
STRŠLJEN	SKAKAVAC
WASP	BUBA
LARVA	TERMIT
DRAGONFLY	CRV

68 - Ferme #1

```
M  J  K  O  Z  A  S  A  P  P  Č  E  L  A  P  K
Y  A  A  Ž  I  R  I  T  T  J  K  X  B  K  O  O
D  V  G  T  T  K  J  U  E  M  P  P  X  Č  L  K
T  A  F  A  O  D  E  M  L  P  T  O  Y  A  J  O
D  R  H  Đ  R  S  N  B  E  S  W  L  E  M  O  Š
V  K  V  Z  Đ  A  O  D  I  Đ  W  J  O  E  P  T
S  D  Q  Q  B  N  C  J  H  Z  H  E  B  D  R  F
S  K  O  N  J  A  P  T  J  X  O  M  C  O  I  O
G  C  B  G  C  R  R  N  N  M  H  N  Z  T  V  Z
A  J  U  I  Y  V  V  O  P  V  Z  D  Đ  I  R  H
Y  W  J  Z  C  G  A  G  A  N  Z  E  U  I  E  P
V  N  N  L  E  W  N  R  B  C  P  U  B  H  D  C
J  U  Y  K  T  T  E  A  Y  Đ  B  H  R  V  A  D
Z  I  Z  T  S  Z  X  D  Z  H  D  X  I  O  V  U
A  Y  Đ  V  T  Z  H  A  D  Q  V  P  V  D  V  I
R  P  F  E  S  U  J  W  Q  F  D  Z  O  A  Z  W
```

PČELA	VRANA
POLJOPRIVREDA	VODA
MAGARAC	ĐUBRIVO
BIZON	SIJENO
POLJE	MED
MAČKA	KOKOŠ
KONJ	RIŽA
KOZA	JATO
PAS	KRAVA
OGRADA	TELE

69 - Antarctique

```
M Y N Z K S B O T Đ B G Y A O E
S M A J I C A R G I M L H J K K
H I U B Y C R D T P E E H I R S
Z N Č L C H U Z O X G Č A F U P
O E N H Z L T W P V A E B A Ž E
G R I G T M A D Y P S R J R E D
K A Y K C O R T P W X I O G N I
O L X I Y X E J N A V U Č O J C
N I I T F K P P T I C E L E E I
T D L O P X M O W V K P E G J J
I D M V V Z E O V A U V L M J A
N C G I C K T A C U G D U Q K Đ
E K A H R Z A N P O L U O T O K
N O T L I S T R A Ž I V A Č G X
T T U K B J G H T L E D K Y Q R
T H I V C O P R H D H H O S J Z
```

BAY
KITOVI
ISTRAŽIVAČ
OČUVANJE
KONTINENT
VODA
OKRUŽENJE
EKSPEDICIJA
GEOGRAFIJA
LED

GLEČERI
MIGRACIJA
MINERALI
OBLACI
PTICE
POLUOTOK
ROCKY
NAUČNI
TEMPERATURA

70 - Professions #2

```
L B H D Z U J S C S O R Z I A K
I I F O Z O L I F L J D C Y G O
N B A K H T R S D I X B F C O N
G L R T O L I P O K F F P L L Q
V I G O U E Q J Z A O T M O O W
I O O R G Č H I O R A N I V O N
S T T A O S I I J J O C Q I Z I
T E O L L T I T R G L F Z T A S
A K F T O B A K E U H Z B K S T
A A D R I C C R E L R T X E T R
D R R V B R A A T U J G H T R A
I E B F M O R B Q S J F L E O Ž
H A S X X W J U E G U H N D N I
T P E C M E L Z J B I L X C A V
I N Ž E N J E R L K E Y I H U A
Z T G I Z U M I T E L J G A T Č
```

ASTRONAUT
BIBLIOTEKAR
BIOLOG
ISTRAŽIVAČ
HIRURG
ZUBAR
DETEKTIV
UČITELJ
ILUSTRATOR
INŽENJER

IZUMITELJ
VRTLAR
NOVINAR
LINGVIST
DOKTOR
SLIKAR
FILOZOF
FOTOGRAF
PILOT
ZOOLOG

71 - Les Abeilles

```
K  K  R  I  L  A  Z  H  O  R  G  I  B  W  S  A
H  R  Đ  Q  E  T  W  I  E  N  A  N  A  R  H  X
C  S  A  M  Ć  S  A  V  K  Y  P  S  O  O  D  K
B  U  D  L  E  O  P  E  J  P  X  E  T  J  Đ  O
Đ  N  F  E  J  K  P  O  L  E  N  K  D  E  M  R
B  C  W  X  I  I  S  D  I  J  X  T  N  I  H  I
L  E  N  I  V  L  C  T  B  B  A  Š  T  A  M  S
O  B  Đ  B  C  O  D  A  A  R  W  I  D  A  E  N
S  M  M  J  W  N  Y  I  G  N  Z  X  L  K  T  O
S  V  O  U  D  Z  R  I  T  J  I  I  Đ  E  S  L
O  O  B  L  W  A  D  H  P  I  W  Š  P  N  I  G
M  Ć  Đ  H  G  R  Z  Y  B  D  M  N  T  Z  S  F
D  E  X  Z  W  L  E  U  X  A  W  L  C  E  O  D
Y  Q  V  P  S  R  T  V  Y  U  D  X  H  U  K  O
Y  R  G  O  K  Đ  W  Y  N  Đ  C  F  N  J  E  N
C  P  Q  Y  G  Y  J  P  K  W  R  Z  Y  S  H  Đ
```

KRILA	STANIŠTE
KORISNO	INSEKT
WAX	BAŠTA
RAZNOLIKOST	MED
ROJ	HRANA
EKOSISTEM	BILJKE
BLOSSOM	POLEN
CVIJEĆE	KRALJICA
VOĆE	HIVE
DIM	SUNCE

72 - Santé et Bien Être #2

```
H Đ X B Z D R A V R K Đ T I S I
I K R O I N F E K C I J A O T S
G D T L A L E R G I J A K D R H
I F R N C J K A L O R I J A E R
J C D I T E Ž I N A K K T S S A
E E Q C D E H I D R A C I J A N
N G N A W T Đ K X V V R T U J A
A U E E T P O X V I A J E C I V
W P P N R S Q N L T R Ž P A M B
G C K J E G I C U A O J A T O T
W Q K V F T I H G M P U D S T C
H L X A O X I J R I O D Q A A G
B O L E S T B K A N L Y Z P N M
G G O Q B B Z K A P E X V H A N
U L P B C O C K W A T V V R X E
T E S T B C T I P U V N O Z B T
```

ALERGIJA	INFEKCIJA
ANATOMIJA	BOLEST
APETIT	MASAŽA
KALORIJA	ISHRANA
TELO	TEŽINA
DEHIDRACIJA	OPORAVAK
ENERGIJA	ZDRAV
GENETIKA	KRV
BOLNICA	STRES
HIGIJENA	VITAMIN

73 - Conduite

```
L  J  X  S  A  O  B  R  Ć  A  J  U  P  C  O
K  I  T  S  S  W  E  X  K  H  W  Đ  H  J  E  P
I  W  C  Z  W  E  K  X  S  O  H  I  E  E  S  A
C  M  I  E  N  X  Z  S  P  R  Č  N  A  Š  T  S
O  U  O  N  N  K  A  M  I  O  N  N  N  J  A  A  N
T  N  A  T  G  C  D  F  H  O  A  S  I  K  O  O
O  V  I  R  O  G  A  O  C  B  U  X  C  C  B  S
M  M  L  Đ  O  R  M  A  P  A  T  F  I  O  E  T
S  I  G  U  R  N  O  S  T  Q  O  B  L  S  Z  L
N  E  S  R  E  Ć  A  Ž  A  R  A  G  O  Y  M  C
T  U  N  E  L  L  N  T  R  A  N  S  P  O  R  T
T  G  L  L  N  D  I  L  C  Đ  I  C  M  F  A  Z
Đ  A  F  L  S  R  Z  V  H  J  V  L  J  O  U  D
I  S  V  C  J  J  R  H  I  F  O  P  O  A  L  U
C  J  P  L  X  K  B  R  C  Q  G  X  U  C  U  R
A  C  E  Đ  T  H  X  A  Đ  S  S  P  O  E  V  A
```

NESREĆA   MOTOCIKL
KAMION   PJEŠAK
GORIVO   POLICIJA
MAPA   CESTA
OPASNOST   SIGURNOST
KOČNICE   SAOBRAĆAJ
GARAŽA   TRANSPORT
GAS   TUNEL
LICENCA   BRZINA
MOTOR   AUTO

74 - Plantes

```
L G M T H C B Q L W K L T O N B
V P R A Đ V J A M U Š A R L F G
T A W O H I B J Š O B T A C X A
B R A H W J V M I T U I V C O C
B O J N H E D R V O A C A U U E
A E T J D T V S P O L A V G P D
M B L A M D Q K K R I B E R R Y
B T N J N W B R A N Š D C H D E
U C F I A I W T K F Ć I Đ Q Đ C
S I T C J H K H T L E A W I U G
C B L A L T Z A U O L W R T B R
L W K T Š K S D S R Đ R L Đ R A
P X L E R G E U S A M X W X I H
M J C G B D S R O I O F O Đ V G
X M H E L S Y X M Z J V R N O R
T Z N V S Q T E V G Q J H I A M
```

DRVO	ŠUMA
BERRY	GROW
BAMBUS	GRAH
BOTANIKA	TRAVA
GRM	BAŠTA
KAKTUS	BRŠLJAN
ĐUBRIVO	MOSS
LIŠĆE	LATICA
CVIJET	ROOT
FLORA	VEGETACIJA

75 - Ferme #2

```
T Z H J Đ O M L Q X Z W E U A K
N H R W O Đ N J F A I Z P A C O
Ž I V O T I N J E M C U U J T Š
Q G A A V I J V J H L Q H W Z N
O V C E Ć O V O N P T I O R U I
V Đ I Ć C F Đ Ć A O Đ K J K R C
R C N R H Q Z N V V I Y R E U A
V K E V B F A J A D A V I L K G
D O Š O F A W A J I K N T F U O
W F P P A R S K N X T Y S Y K A
B A R N Q M H V D V A X A L U R
J E Č A M E R J O J P N P O W G
Q N A U R R L N V B A M A L L Q
T R A K T O R T A I D M R R O D
H E A U M I Đ R N Đ J T B K H T
Y S R Y R K Y E A G B P F J Q F
```

JAMB
FARMER
ŽIVOTINJE
PASTIR
PŠENICA
PATKA
VOĆE
BARN
NAVODNJAVANJE
MLIJEKO

LLAMA
POVRĆE
KUKURUZ
OVCE
HRANA
JEČAM
LIVADA
KOŠNICA
TRAKTOR
VOĆNJAK

76 - Vacances #2

```
R  C  Đ  Đ  L  T  M  I  M  X  K  Đ  B  O  Z  L
L  E  T  O  H  A  S  I  V  O  Q  W  U  D  R  E
M  A  Z  V  K  K  D  W  W  B  R  E  N  K  S  I
F  A  I  E  P  S  U  L  P  V  T  E  Đ  O  O  S
B  V  P  A  R  I  D  A  E  R  O  D  R  O  M  U
P  H  R  A  H  V  N  A  R  O  T  S  E  R  T  R
O  Q  C  Š  O  S  A  P  C  Z  Z  I  Đ  Q  K  E
P  T  I  T  U  P  L  C  C  N  B  X  U  F  B  C
V  H  G  Y  F  E  S  T  I  N  A  R  T  S  V  F
T  C  S  Đ  M  W  I  V  J  J  J  V  A  B  V  I
K  A  M  P  I  R  A  N  J  E  E  S  L  I  K  E
Z  Z  U  T  R  O  P  S  N  A  R  T  L  L  C  C
J  B  R  Q  U  T  H  Đ  O  O  L  Q  V  O  Z  V
R  A  M  P  L  A  Ž  A  P  E  Z  P  J  Z  O  Z
B  O  Q  U  T  Š  O  D  R  E  D  I  Š  T  E  R
P  U  T  O  V  A  N  J  E  K  Đ  L  R  Y  F  N
```

AERODROM	SLIKE
KAMPIRANJE	PLAŽA
MAPA	RESTORAN
ODREDIŠTE	REZERVACIJE
STRANI	TAKSI
HOTEL	ŠATOR
ISLAND	VOZ
LEISURE	TRANSPORT
MORE	VISA
PASOŠ	PUTOVANJE

77 - Temps

```
F  B  L  G  Z  U  P  P  S  R  J  Y  K  E  J  C
O  T  A  S  O  R  O  K  S  U  U  R  A  D  A  S
P  R  I  J  E  D  S  S  Z  N  T  U  L  G  T  A
Đ  W  X  R  I  R  I  E  Z  V  R  T  E  O  U  N
J  U  Č  E  C  N  C  N  D  Ć  O  N  N  D  N  A
Y  B  S  Đ  F  W  E  U  A  M  S  E  D  I  I  D
Z  U  V  A  J  D  S  C  Z  J  I  C  A  Š  M  E
P  O  S  L  I  J  E  F  E  G  S  C  R  N  P  P
O  F  S  U  P  T  J  Đ  N  D  V  E  U  J  N  R
H  U  T  K  E  B  M  L  D  W  D  A  N  I  V  S
B  T  Z  C  V  M  Z  Đ  O  D  Y  Đ  J  Z  M  B
G  A  E  L  P  M  N  Q  P  G  F  T  J  P  A  T
B  U  D  U  Ć  N  O  S  T  T  J  N  T  U  G  C
Y  N  C  J  S  D  M  Z  M  I  H  E  W  L  T  M
C  X  R  I  Y  T  T  Đ  V  Đ  G  C  E  N  J  F
Q  W  V  S  D  X  K  E  F  I  R  X  U  Y  V  L
```

GODINA	JUČE
GODIŠNJI	DAN
POSLIJE	SADA
DANAS	JUTRO
PRIJE	PODNE
USKORO	MINUTA
KALENDAR	MJESEC
DECENIJA	NOĆ
BUDUĆNOST	SEDMICU
SAT	CENTURY

78 - Maison

```
Q V X X N H O G N C P Đ C P X K
R V B L Đ D P O A T Š A B Q R L
L A M P A T A R V R O Z O R P J
D I N K A O C S A E A D G Z Z U
A L T E M L R H T N Đ Ž J A X Č
J K D M D F O G R A D A A V M E
N T E P I H L R X V G N B J N V
I S Q T H O W A D N L L G E M E
H O G P O L A D E L G O Đ S G V
U B C D W I X S O K Q E Y E Z U
K A M U F S L V R L H V X N V N
J K N D R K Q B U H H R Y R U X
D F A O P Z I D I I T N B O Đ Đ
K E X M P W A W L B U U D Y K P
K R O V I B J Y W Đ Š L O C Đ L
E C K Đ B N O F A L P K X U V S
```

METLA   TAVAN
BIBLIOTEKA   BAŠTA
SOBA   LAMPA
KAMIN   OGLEDALO
KLJUČEVE   ZID
OGRADA   PLAFON
KUHINJA   VRATA
TUŠ   ZAVJESE
PROZOR   TEPIH
GARAŽA   KROV

79 - Légumes

```
I  U  V  N  Q  Q  H  U  M  S  D  I  Z  N  C  Z
R  E  P  A  V  K  I  T  M  A  H  C  D  C  L  B
P  V  M  V  Z  Z  O  B  R  W  H  A  C  I  N  P
A  I  A  K  O  Č  I  T  R  A  A  V  L  K  E  R
T  L  C  R  Š  E  Đ  H  U  T  G  A  R  L  Y  P
L  O  I  M  T  P  Q  B  B  L  L  T  J  Č  O  A
I  Z  V  G  I  R  I  W  I  F  J  S  X  E  R  T
D  G  K  X  R  Y  N  N  L  B  I  A  X  Š  V  P
Ž  V  T  H  A  A  U  Đ  A  B  V  R  C  N  K  A
A  Đ  O  Z  Đ  G  Š  V  L  T  A  K  L  J  S  R
N  V  R  G  C  O  R  A  U  N  P  I  U  A  A  A
C  E  L  E  R  D  E  N  K  U  O  P  K  K  L  D
D  Z  Z  V  F  N  P  Y  O  S  R  Đ  C  W  A  A
B  G  I  N  G  E  R  G  R  Y  N  J  O  Y  T  J
Đ  Z  Z  C  C  C  D  F  B  V  E  O  Q  L  A  Z
Z  F  N  T  S  Đ  N  S  K  P  H  S  W  Q  F  B
```

ČEŠNJAK	ŠPINAT
ARTIČOKA	GINGER
PATLIDŽAN	REPA
BROKULA	LUK
MRKVA	OLIVE
CELER	PERŠUN
GLJIVA	GRAŠAK
TIKVA	ROTKVICA
KRASTAVAC	SALATA
SHALLOT	PARADAJZ

80 - Plage

```
Y  L  Đ  B  R  B  B  P  O  W  Q  Đ  F  H  Š  F
M  A  I  K  I  K  O  D  I  B  M  H  K  D  K  V
I  S  L  A  N  D  A  Đ  B  J  A  P  I  F  O  D
Z  T  A  R  A  D  T  G  O  M  E  L  A  Đ  L  M
Q  X  G  C  R  Z  R  H  H  P  E  S  A  K  J  Y
E  V  P  U  B  J  S  M  X  X  B  J  A  D  K  Y
M  Y  Đ  R  O  M  D  O  Q  I  J  Q  A  K  E  O
C  P  C  J  Š  X  N  R  U  L  W  G  H  I  N  F
U  G  Y  P  I  Q  A  E  W  K  K  X  H  N  P  L
O  H  E  G  K  E  E  C  B  G  X  E  A  Č  L  U
F  C  L  N  Z  G  C  J  I  E  Q  F  Z  U  A  V
L  A  G  U  N  A  O  F  S  K  R  G  V  R  V  G
S  A  N  D  A  L  E  Đ  Q  S  K  G  W  B  A  U
J  E  D  R  I  L  I  C  A  E  K  K  A  Q  W  D
F  Q  Đ  K  W  H  M  E  G  C  C  Y  H  G  C  M
J  V  E  M  B  A  R  U  Q  S  U  N  C  E  Q  B
```

BOAT   OCEAN
PLAVA   KIŠOBRAN
ŠKOLJKE   GREBEN
OBALA   PIJESAK
RAK   SANDALE
DOK   RUČNIK
ISLAND   SUNCE
LAGUNA   ODMOR
MORE   JEDRILICA

81 - Famille

```
N N T L P Q H D V F W J C C W V
X I Đ E X Đ Y R D G C D C Đ S Z
K Q E K V Q L R T P F A J Y U D
D J E D C P A T E R N A L C P W
P I Đ U L O K S M D C H N A R A
X O S S E S T R A K A B N J U C
J M T D F V E J K A J U H N G C
I S Đ A J Z T Q S A W A Đ I J H
G R E J C O C W N G Ć O D K G Đ
M A J K A M D D I U O E T A R B
K K N A A M E K Č R I T N Ć V D
I R I D W Đ J X J P P E Đ E O C
X E T E N I O Z A U Z J B N J Q
K Ć E R X Y Đ R M S F I I Đ C L
N K J P D J E C A N J D F P X H
S A D E L A S E Đ A X F D V N N
```

PREDAK
ROĐAK
DJETINJE
DIJETE
DJECA
SUPRUGA
KĆERKA
BRATE
BAKA
DJED

SUPRUG
MAJČINSKA
MAJKA
NEĆAK
NEĆAKINJA
UJAK
PATERNAL
OTAC
SESTRA
TETKA

82 - Oiseaux

```
T M V O Y R Q X C Q O U G S Q Q
O W O R R A P S L O M D U B A L
U I W F A D O R G N F D L Đ A K
C D G X Q N A K I L E P L C D F
A R N Š K R A K T A P P O S A B
N I F O E C Z A A G V A J Q A W
P W P K J A G A P A P U A G Z X
P I X O A K N N A O Y N B S B Z
Y T N K J S Y W I E L Đ O Đ A E
L N Q G B U L O G Q X Đ P R E Đ
M Đ T P V G X U L U E H A F B Đ
I A F Đ Z I K U K A V I C A F S
D O V E A P N O R E H E F A K S
Đ U X V A X C X D O R A O C L Y
R B E S J W G T W X O J Đ H G S
L G U X B O D C W Y F U T N S Y
```

ORAO
NOJ
PATKA
RODA
DOVE
VRANA
KUKAVICA
LABUD
HERON
PINGVIN

SPARROW
GULL
JAJE
GUSKA
PAUN
PAPAGAJ
PELIKAN
GOLUB
KOKOŠ
TOUCAN

83 - Disciplines Scientifiques

```
P A K I M A N I D O M R E T Đ L
L N N A J I G O L O I B P V Q I
G P Đ J C A N T N P B B W R F N
A A K I N A H E M M O U Đ Đ S G
V P G M K J C Z R H H X X T Z V
B Y Đ O J D S K J A J C K P F I
O N M N M A J I G O L O I C O S
T B S O B J M E Y C S O D Y P T
A N B R J I G U U D Y W G I Đ I
N Z R T W G E H E M I J A I W K
I R M S O O P O Z V V Z R U J A
K U U A K L A N A T O M I J A A
A A J I G O L O K E U F Y X W W
Q V J D X E B I O H E M I J A P
Z N A J I G O L O I Z I F F H N
M E T E O R O L O G I J A E Q A
```

ANATOMIJA	LINGVISTIKA
ASTRONOMIJA	MEHANIKA
BIOHEMIJA	METEOROLOGIJA
BIOLOGIJA	MINERALOGIJA
BOTANIKA	FIZIOLOGIJA
HEMIJA	SOCIOLOGIJA
EKOLOGIJA	TERMODINAMIKA
GEOLOGIJA	

84 - Maladie

```
M N W G X C E S U N I S S I Z Z
A E E E H N R S I L G M B T E A
L U L N P B O Q C N U H Đ Z M R
E R L E S R C E H I D M Q W Z A
R O N T E T I N U M I R B S C Z
G P E S O U E M N U J B O A M N
I A S K C S U N L R W X V M R O
J T S I N R O T A R I P S E R N
E I S D I Đ U S L A B U L A M A
J J V O T E R A P I J A L A L S
L A Đ D K I E R U T H S F I F L
V L U Q B A K T E R I J S K I J
A A Z O S C P T M A U H V Đ B E
R P Q Đ S I N E G O T A P Đ Z D
D U Đ B C Y B L L H I D D V Đ N
Z K Q N Q U K O H A P V F Z S O
```

ALERGIJE	UPALA
BAKTERIJSKI	LUMBAR
WELLNESS	NEUROPATIJA
ZARAZNO	KOSTI
TELO	PATOGENI
SRCE	RESPIRATORNI
SLAB	ZDRAVLJE
GENETSKI	SINUS
NASLJEDNO	SINDROM
IMUNITET	TERAPIJA

85 - Univers

```
E O T X A O W E E F F C V T H E
K S R P E O A Q I T K D I E E X
V O H B G U F S A F P X D L M D
A L O J I O R A T Đ D E L E I U
T S R W O T A M H R I Z J S S Ž
O T I X M Z A D F I O A I K F I
R I Z R A J X L R Đ R N V O E N
F C O F U F E J O A E B O P R A
E I N Z A E S S H L T Y U M A S
A J T X W M A R E F S O M T A O
G A L A K S I J A C A T B H J L
Y Q B A S P A Đ W I Z A M N W A
L A T I T U D E I M C M C S N R
A J I M O N O R T S A A A J E N
N E B O S R P E Z O P Đ B B B O
I X N C E U A S I C A I D O Z Z
```

ASTEROID
ASTRONOM
ASTRONOMIJA
ATMOSFERA
NEBO
COSMIC
EKVATOR
GALAKSIJA
HEMISFERA
HORIZONT

LATITUDE
DUŽINA
MJESEC
TAMA
ORBITA
SOLARNO
SOLSTICIJ
TELESKOP
VIDLJIV
ZODIAC

86 - Géographie

```
J A M W W K X H J U G H G S I C
T H S O A Z F Z E D U T I T A L
C C V O R U C J K M S X W V T T
Y O I G E E B I M Z I F L A W W
U I J R E G I O N E Đ S A L T A
I G E U O F S M C G G C F L T T
G L T N O O C E A N B Z M E E P
P Q T R I J E K A S N C X N R H
Đ G R A D W K D L J W V X A S A
U R X L Z X G J J S U J L J X N
T E R I T O R I J A N I S I V I
B V U O S S G A T Q J F W D Y N
D E K M A P A R T I P L T I U A
N J F L W Y K E W C L M M R P L
I S L A N D A P A Z R Y E E K P
S I K O N T I N E N T B L M Z Đ
```

VISINA
ATLAS
MAPA
KONTINENT
RIJEKA
HEMISFERA
ISLAND
LATITUDE
MORE
MERIDIJAN

SVIJET
PLANINA
SJEVER
OCEAN
ZAPAD
ZEMLJA
REGION
JUG
TERITORIJA
GRAD

87 - Bâtiments

```
T  S  G  J  E  Z  U  M  B  B  E  L  B  T  N  B
S  T  A  N  D  K  F  L  I  O  Š  A  T  O  R  U
T  U  Ž  A  A  A  A  N  O  L  E  T  O  H  K  A
K  M  A  R  S  B  M  E  S  N  W  N  E  Y  S  J
T  T  R  O  A  I  U  K  K  I  U  K  P  I  D  I
X  M  A  T  B  N  A  C  O  C  U  S  Y  W  X  R
F  U  G  L  M  A  S  W  P  A  L  O  K  Š  S  O
M  I  R  B  A  S  U  P  E  R  M  A  R  K  E  T
S  T  A  D  I  O  N  M  S  K  V  B  S  E  A  A
D  V  O  R  A  C  B  Z  K  E  M  X  X  K  Y  R
A  S  U  O  P  S  E  R  V  A  T  O  R  I  J  O
A  B  A  S  H  O  H  C  B  O  R  H  L  F  C  B
P  O  Z  O  R  I  Š  T  E  A  W  E  Đ  V  E  A
F  A  B  R  I  K  A  L  V  S  R  M  M  Đ  O  L
U  N  I  V  E  R  Z  I  T  E  T  N  P  B  P  C
R  M  W  D  L  D  O  C  R  P  Z  U  H  N  H  Z
```

AMBASADE	LABORATORIJA
STAN	MUZEJ
KABINA	OPSERVATORIJ
DVORAC	STADION
BIOSKOP	SUPERMARKET
ŠKOLA	ŠATOR
GARAŽA	POZORIŠTE
BARN	TORANJ
BOLNICA	UNIVERZITET
HOTEL	FABRIKA

88 - Activités et Loisirs

```
B M Đ C E A N H Z H K K T E M F
K E J W V K R T S O N T E J M U
U J J U Q R I E K B L V J N B M
P N X Z N A M J O I T R N A B F
O A Z K B Š A R B J X T A V O F
V F T X Đ O Z I R I I L R O K D
I R Y K X L B V P Z A I T T F
N U C B O B A O H L G R P U W O
A S I N E T B L Y I M S M P R E
R B S F J E D O G V Z T A S F T
U T R L N G U V K A V V K R S B
Z Q D Z E C F R Z N K O K S D A
G N Q F J U I G R J Z I B A C Q
F O X I N N N A H E T Z L K W X
R W L C O Y T T J A Q K J S T F
Y E E F R C Đ F B O D B O J K A
```

KUPOVINA	PLIVANJE
UMJETNOST	HOBIJI
BEJZBOL	SLIKA
KOŠARKA	RIBOLOV
BOKS	RONJENJE
KAMPIRANJE	SURFANJE
FUDBAL	TENIS
GOLF	ODBOJKA
VRTLARSTVO	PUTOVANJE

89 - Livres

```
Z  S  U  E  P  S  K  I  H  O  M  F  I  Z  S  V
M  B  T  N  N  H  V  C  E  T  A  T  I  J  Q  C
V  Z  I  R  O  T  A  R  A  N  E  X  D  M  O  A
M  G  W  R  A  J  I  R  E  S  E  T  U  B  C  S
Y  O  B  E  K  N  N  O  N  Č  I  G  A  R  T  I
O  N  R  E  B  A  I  O  N  P  C  B  L  G  Q  L
F  V  Q  O  T  W  N  C  N  N  A  I  I  Q  G  P
M  E  T  N  O  U  C  I  A  L  R  O  T  U  A  F
O  Ž  T  A  Č  I  R  P  Y  L  H  A  E  Đ  V  D
T  I  K  S  J  I  R  O  T  S  I  H  T  Đ  A  O
H  J  A  I  K  W  X  E  Č  I  T  A  Č  R  N  G
F  N  J  P  F  E  R  M  O  V  Q  S  C  I  T  R
S  K  I  A  Q  F  T  A  J  I  Z  E  O  P  U  O
Q  J  O  N  V  I  T  N  E  V  N  I  T  M  R  M
H  U  M  O  R  A  N  S  O  C  J  P  W  S  A  A
Z  I  I  Đ  N  B  Z  R  F  K  G  Q  R  J  I  N
```

AUTOR	INVENTIVNO
AVANTURA	ČITAČ
ZBIRKA	KNJIŽEVNO
KONTEKST	NARATOR
DUALITET	STRANICA
NAPISANO	POEMA
EPSKI	POEZIJA
PRIČA	ROMAN
HISTORIJSKI	SERIJA
HUMORAN	TRAGIČNO

90 - Pays #2

```
Y  J  I  A  Y  K  J  G  G  X  L  M  H  J  R  V
G  A  N  F  G  Đ  E  A  L  X  A  Đ  A  E  U  P
C  M  D  Q  X  S  V  N  P  Đ  O  E  I  V  S  T
B  A  O  T  V  O  M  I  F  A  S  J  T  N  I  V
Y  J  N  A  T  S  I  K  A  P  N  K  I  W  J  I
U  K  E  D  D  S  A  L  B  A  N  I  J  A  A  R
K  A  Z  P  R  X  I  Y  M  E  K  S  I  K  O  S
E  S  I  W  A  U  M  R  M  J  C  H  Y  T  G  K
N  U  J  Đ  D  K  A  N  I  J  A  R  K  U  V  A
I  D  A  D  A  N  S  K  A  J  I  L  A  M  O  S
J  A  C  O  W  O  T  U  E  J  A  S  O  K  P  C
A  N  K  R  L  N  V  O  C  O  D  X  C  Q  B  M
E  S  H  D  E  A  L  C  P  N  N  G  S  V  Đ  A
J  Đ  G  Y  X  B  U  U  C  S  A  L  S  K  O  G
U  W  U  T  D  I  G  E  H  B  G  R  M  H  Q  D
E  F  H  Z  Đ  L  Z  Z  D  P  U  G  F  T  W  M
```

ALBANIJA	LAOS
KINA	LIBANON
DANSKA	MEKSIKO
FRANCUSKA	UGANDA
HAITI	PAKISTAN
INDONEZIJA	RUSIJA
IRSKA	SOMALIJA
JAMAJKA	SUDAN
JAPAN	SIRIJA
KENIJA	UKRAJINA

91 - Fournitures d'Art

```
A  Đ  F  L  O  X  I  U  N  P  O  N  V  R  G  O
L  J  G  S  Q  A  V  N  C  N  A  K  L  Z  X  L
H  X  B  L  J  P  G  N  P  T  D  S  O  Y  O  O
M  G  X  N  E  E  K  T  E  Č  E  M  T  L  M  V
A  I  W  X  M  J  A  C  I  L  O  T  S  E  S  K
S  C  K  R  C  E  N  S  T  Z  Z  D  A  R  L  E
T  F  G  A  F  D  I  H  E  J  L  U  C  C  J  S
I  N  M  Đ  M  I  L  J  O  L  I  P  E  J  L  H
L  R  N  A  M  E  G  D  D  I  V  O  D  A  Q  G
O  U  T  U  N  V  R  B  N  R  J  O  G  O  I  N
O  S  B  H  P  F  Z  A  D  K  Đ  X  L  K  Y  L
R  N  C  H  A  H  H  H  R  A  B  O  J  E  D  G
Q  Z  G  O  P  K  R  E  A  T  I  V  N  O  S  T
B  Q  X  F  I  F  M  L  V  X  J  L  A  N  O  F
D  B  B  M  R  G  V  A  U  Z  W  E  P  C  Z  U
G  S  T  S  I  Đ  Q  W  R  B  B  R  I  S  A  Č
```

AKRIL
GLINA
ČETKE
KAMERA
STOLICA
EASEL
LJEPILO
BOJE
OLOVKE

KREATIVNOST
VODA
MASTILO
BRISAČ
ULJE
IDEJE
PAPIR
PASTELS
STOL

92 - Jazz

```
A Y D E W R Y I N R K B P T K S
K L M T H Z S P M D Y U J E U T
I O B Q J K Đ W J F W B E H F A
Z U B U T Đ R Z Z Y V N S N A R
U X D W M A T I R V N J M I V X
M O R O G H K Y C V Č E A K O Z
K O M P O Z I T O R U V P A R G
H K C E K D N R L N V I L J I Z
R O N R Q C T E Z A E A I C T S
D A R I W K E C H Ž N S T E I T
W L T G C Đ J N Q W J O B S B I
H H E S T F M O N Y A L S U A L
C E Q V E W U K O G Q O R F P S
R Z B Q B K Q X V E Đ G B B T F
G U O P R J R Đ O I L J Q A W P
H N X G V K N O K N C Y I H J I
```

ALBUM
UMJETNIK
ČUVEN
PJESMA
KOMPOZITOR
SASTAV
KONCERT
FAVORITI
ŽANR
MUZIKA

NOVO
ORKESTAR
RITAM
SOLO
STIL
DAR
BUBNJEVI
TEHNIKA
STAR

93 - Paysages

```
L T V I X S N W G E X N K U S L
M U R O D R B W S E R O M U A C
H N S A N I N A L P J W X P N X
U D M S J T F L E U I Z W D T B
B R D I I X X U E U J V I N A P
Q A I S F S T Y Y D F X N R L D
O H Q U Đ J L R S H E R L F E B
V O D O P A D A W O L N A Y D P
D O L I N A F K N W T G J R A L
J E Z E R O J E H D I G N A U A
N H A C B Q V J G A P C I U K Ž
V U L K A N H I M K O S T T V A
J W C S L W W R P N Y S S G S
M O Č V A R A N I Ć E P U E E U
P Q F F R E V R P T B Z P J C R
H Y P S P O L U O T O K P M W R
```

VODOPAD	JEZERO
BRDO	MOČVARA
PUSTINJA	MORE
ESTUARY	PLANINA
RIJEKA	OASIS
GEJZIR	POLUOTOK
LEDENJAK	PLAŽA
PEĆINA	TUNDRA
SANTA LEDA	DOLINA
ISLAND	VULKAN

94 - Pays #1

```
K  I  F  B  F  K  Q  R  M  I  Q  V  L  A  S  P
T  O  I  A  R  H  Z  X  K  Đ  J  P  X  S  L  A
B  Y  N  S  F  A  F  D  E  K  V  A  D  O  R  N
X  V  S  S  N  G  Z  N  B  G  R  J  P  N  R  A
F  L  K  L  M  P  A  I  J  Z  N  I  E  J  U  M
U  I  A  R  N  X  E  N  L  Z  S  N  J  E  M  A
F  L  L  E  A  R  Z  I  I  V  R  A  Z  M  U  J
L  A  J  I  D  N  I  A  J  S  S  P  O  A  N  P
H  M  T  Y  P  F  I  T  G  L  T  Š  P  Č  I  T
Q  Z  C  P  T  I  N  Đ  E  H  E  A  F  K  J  A
H  Z  R  N  Y  X  N  Q  Z  Đ  T  N  N  A  A  I
E  R  H  D  K  W  Y  I  N  O  R  V  E  Š  K  A
M  A  R  O  K  O  V  E  N  E  C  U  E  L  A  X
L  I  B  I  J  A  K  S  J  L  O  P  Đ  M  F  F
G  V  N  I  K  A  R  A  G  V  A  M  M  I  X  Z
A  R  G  E  N  T  I  N  A  K  A  N  A  D  A  H
```

AFGANISTAN	LIBIJA
NJEMAČKA	MALI
ARGENTINA	MAROKO
BRAZIL	NIKARAGVA
KANADA	NORVEŠKA
ŠPANIJA	PANAMA
EKVADOR	FILIPINI
FINSKA	POLJSKA
INDIJA	RUMUNIJA
IZRAEL	VENECUELA

95 - Nombres

```
Š  E  S  N  A  E  S  T  N  O  P  F  Y  P  Č  Z
T  N  P  Q  O  M  J  L  D  S  X  W  Y  X  E  S
P  P  I  R  T  J  K  Q  I  A  O  Q  S  O  T  O
Q  N  N  K  W  D  X  X  F  M  A  D  E  S  I  I
X  H  L  K  U  K  Z  J  M  N  A  E  G  E  R  G
D  V  A  N  A  E  S  T  K  A  R  V  W  Đ  I  U
T  Y  M  N  O  T  X  T  T  E  S  E  D  A  V  D
R  H  I  O  I  R  F  Q  Q  S  Đ  O  N  W  M  G
I  M  C  C  A  Z  D  T  N  T  L  F  C  G  Đ  W
N  Đ  E  Q  C  S  K  S  E  Y  Y  C  Q  Y  C  P
A  V  D  N  U  L  A  E  A  M  E  G  B  J  O  K
E  L  Č  E  T  R  N  A  E  S  T  L  I  D  U  R
S  Z  A  T  S  E  A  N  T  E  V  E  D  E  B  O
T  M  V  M  M  E  V  T  Š  E  S  T  P  S  D  N
F  Y  H  X  E  T  S  E  A  N  M  A  D  E  S  C
M  Đ  N  I  F  Đ  K  P  D  K  N  N  F  T  H  P
```

PET	ČETRNAEST
DVA	ČETIRI
DECIMALNI	PETNAEST
DESET	ŠESNAEST
OSAMNAEST	SEDAM
DEVETNAEST	ŠEST
SEDAMNAEST	TRINAEST
DVANAEST	TRI
OSAM	DVADESET
DEVET	NULA

96 - Psychologie

```
P  H  Z  E  C  U  X  D  T  K  I  K  K  H  S  V
R  Đ  Q  M  G  T  X  J  N  L  D  T  S  F  T  H
O  G  E  O  Đ  I  C  E  E  I  E  S  U  K  O  B
C  Y  U  C  D  C  S  T  S  N  J  O  Đ  A  C  Đ
J  G  W  I  W  A  Đ  I  V  I  E  N  U  E  M  E
E  C  H  J  M  J  T  N  J  Č  E  R  H  O  S  L
N  O  A  E  E  I  I  J  E  K  N  A  T  G  P  D
A  M  I  S  L  I  S  E  S  I  X  V  F  J  V  T
S  H  L  K  B  K  K  O  N  V  I  T  J  P  A  P
I  A  U  C  O  Y  U  P  O  U  J  S  A  G  R  N
A  Đ  S  W  R  D  S  P  O  N  A  Š  A  N  J  E
S  S  I  T  P  Đ  T  S  N  O  V  I  N  O  M  O
D  S  D  A  A  O  V  T  E  R  A  P  I  J  A  G
I  Y  N  O  U  N  A  J  I  C  A  Z  N  E  S  K
E  C  E  R  S  S  A  J  I  C  P  E  C  R  E  P
L  I  Č  N  O  S  T  K  R  L  D  L  L  I  O  L
```

KLINIČKI
PONAŠANJE
SUKOB
EGO
DJETINJE
ISKUSTVA
EMOCIJE
PROCJENA
IDEJE
NESVJESNO

UTICAJI
MISLI
PERCEPCIJA
LIČNOST
PROBLEM
SASTANAK
STVARNOST
SNOVI
SENZACIJA
TERAPIJA

97 - Nature

```
N N S P G Z W C Đ P X U A L U R
R I J E K A M U Š R M B H G I E
S U U L J E N I N A L P F O Y T
X A O E C N E O B L A C I N L P
U V Z Č X E I R F H W P Y D J U
A F A P H R Y T O N R I M C E S
Y V U Đ T E H Q O Z D Q C B P T
Đ W R Đ J S N M A V I N Đ R O I
L E D E N J A K Đ A I J H C T N
B Ć B T G X F I Z A S Ž A K A J
W Š B Š Đ I E T Š I N O L K S A
Y I V I C Q I K Č I M A N I D Đ
V L X T Z E C R B Z F D L U Đ E
S G I E M V J A T A T T Y G L M
K Y S V T R O P S K I N V K A I
J Q Y S W S D I V L J I I H A M
```

PČELE
SKLONIŠTE
ŽIVOTINJE
ARKTIK
LJEPOTA
MAGLA
PUSTINJA
DINAMIČKI
EROZIJA
LIŠĆE

RIJEKA
ŠUMA
LEDENJAK
PLANINE
OBLACI
MIRNO
SVETIŠTE
DIVLJI
SERENE
TROPSKI

98 - Chimie

```
D H T K W Z A N I Ž E T P T E K
A H H O J N N V U J T K R K L I
R Y W U Q G L Z O K I J L G U S
U X X P L I A F J D L B U E O E
T H L O R O K Y Đ I I E J T S L
A O G Đ P N L O Y X K A P Q I
R Q P J K M A V Y I S I I R E N
E M B L J H Đ K P U M S A G N A
P C D N O O I S G J O I G O D I
M G P U Q T B R B I T K S P O E
E B T R O T A Z I L A T A K D E
T C Y F L D W S A A L I Q U I D
B T O V D W N O R T K E L E I E
M O L E K U L A Y E N Z I M B U
J L T F B W R M C M Q R M V T Z
U E H H K L Y B H L H J U D I Đ
```

KISELINA   VODIK
ALKALNA   ION
ATOMSKI   LIQUID
UGLJIK   METALI
KATALIZATOR   MOLEKULA
TOPLOTA   NUKLEARNI
HLOR   KISIK
ENZIM   TEŽINA
ELEKTRON   SO
GAS   TEMPERATURA

99 - Bateaux

```
T  U  X  J  J  G  K  H  U  C  N  C  E  R  R  O
R  Q  B  E  R  O  M  A  T  H  A  J  O  I  Q  Z
A  U  Z  Z  H  Y  V  Q  N  G  U  G  K  J  F  P
J  T  F  E  Ž  U  A  B  K  U  T  N  M  E  L  B
E  K  Đ  R  S  T  D  I  X  B  I  W  C  K  C  P
K  T  L  O  B  R  A  J  W  Đ  Č  A  K  A  D  B
T  U  H  W  U  U  S  L  M  C  K  K  A  J  A  K
B  T  S  F  T  O  O  Đ  A  P  I  J  K  F  K  U
M  O  T  O  R  C  P  Y  X  S  G  E  R  R  C  S
P  V  W  S  Q  E  W  E  T  U  I  D  W  E  L  L
F  X  H  T  D  A  S  K  U  Đ  H  R  Y  E  S  R
H  O  T  E  M  N  P  N  W  E  Z  I  Z  Z  L  B
O  W  G  E  K  Y  L  Z  I  R  D  L  N  Z  F  P
P  L  I  M  A  V  A  R  B  S  R  I  Q  B  K  N
S  I  D  R  O  Q  V  V  Z  S  F  C  K  V  J  O
M  O  R  N  A  R  B  I  C  C  S  A  M  W  B  C
```

SIDRO	MORNAR
BUOY	JARBOL
KANU	MORE
UŽE	MOTOR
POSADA	NAUTIČKI
TRAJEKT	OCEAN
RIJEKA	SPLAV
KAJAK	TALASI
JEZERO	JEDRILICA
PLIMA	JAHTA

100 - Mesures

```
Q H N B Q A U O V Đ U Z P W V I
M C R Z Q B Đ V D J X M J L S A
P N E K R I M K J X R G A F F Z
I I T N D Q J A Đ B P H A I C O
H U E F T B D U Ž I N A T Q I L
G I M O L I N L A M I C E D G I
S T E P E N M F P I R B O Z R O
S R J R M O M E Q L A P E A A S
A A R A N I Ž E T M N Q Z C M U
M T M T B D A X D A I L X Z G H
Đ E V I S I N A Đ R R N N N N R
E M U L O V E Đ M G I A U E R U
T O N A P G L G F O Š L P T D N
O L D U B I N A A L M K K J A C
R I G L X S C U B I T G V O C A
Đ K X T V C V Đ P K J R T W J V
```

CENTIMETAR	MASS
STEPEN	METER
DECIMALNI	MINUTA
GRAM	BAJT
VISINA	UNCA
KILOGRAM	TEŽINA
KILOMETAR	INCH
ŠIRINA	DUBINA
LITAR	TONA
DUŽINA	VOLUME

1 - Adjectifs #2

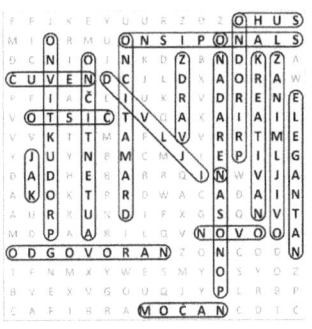

2 - Formes

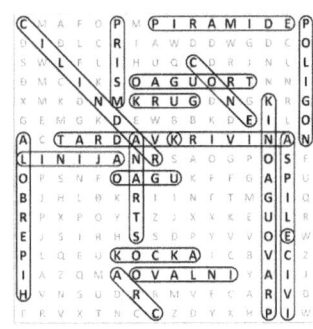

3 - Force et Gravité

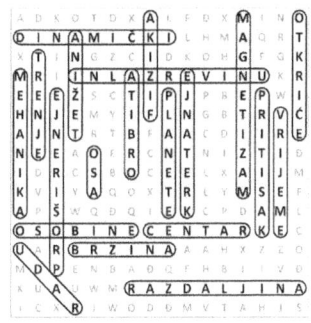

4 - Adjectifs #1

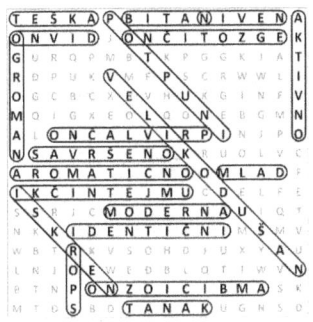

5 - Instruments de Musique

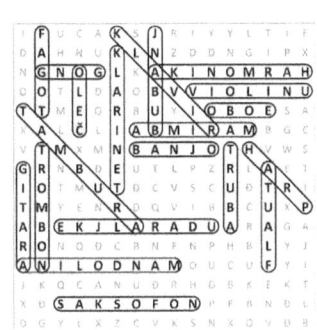

6 - Herboristerie

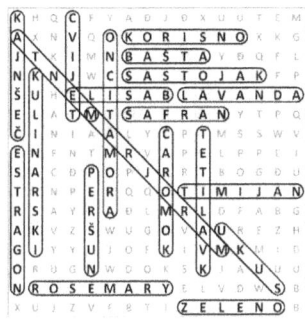

7 - Photographie

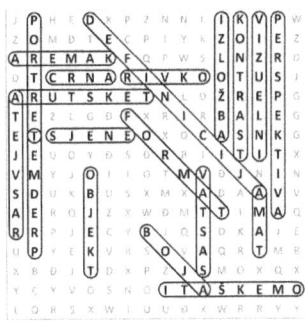

8 - Véhicules

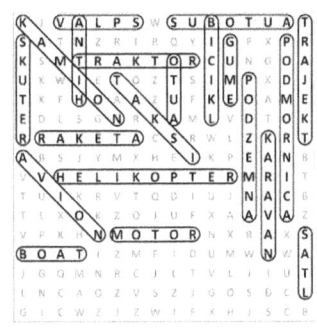

9 - Camping

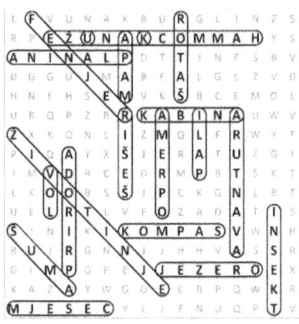

10 - Écologie

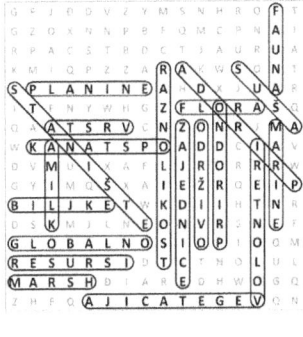

11 - Géométrie

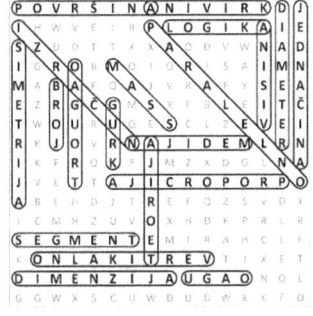

12 - Les Médias

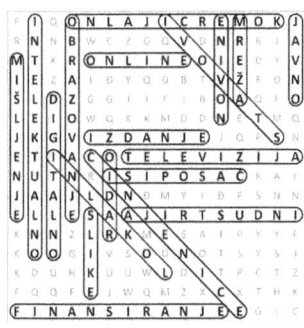

13 - Philanthropie

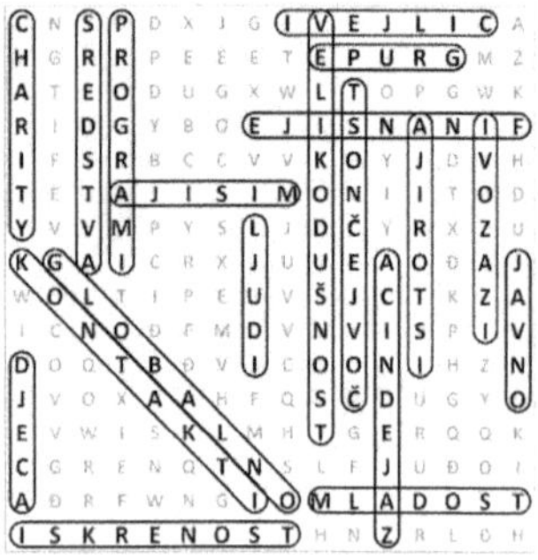

14 - Diplomatie

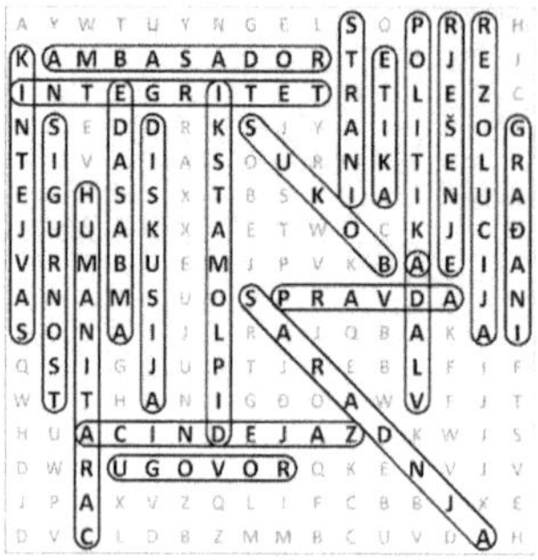

15 - Électricité

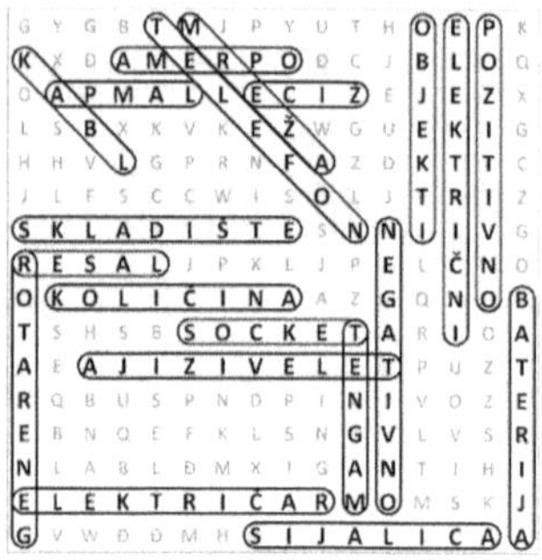

16 - Astronomie

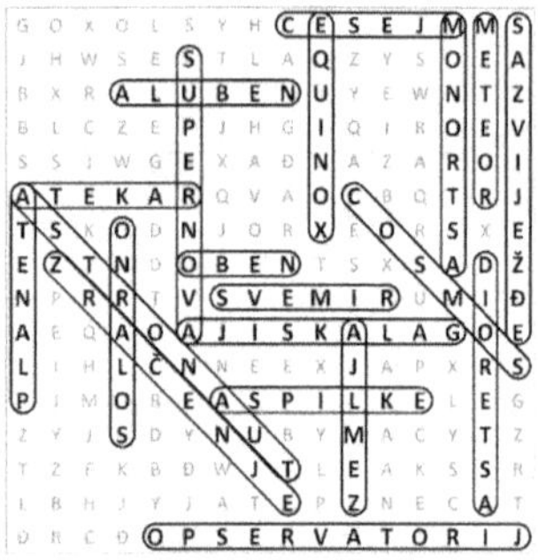

17 - Physique

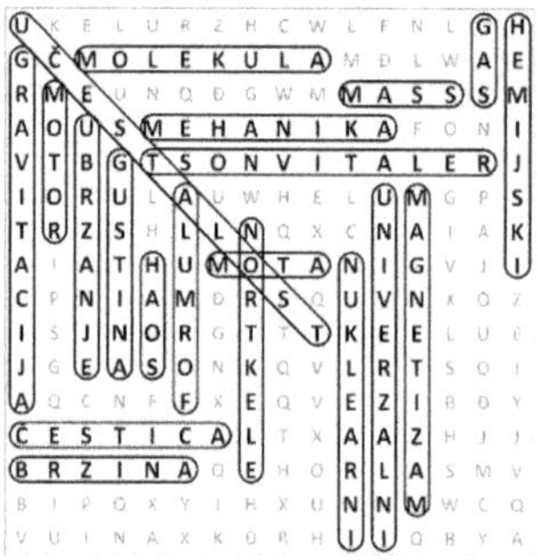

18 - Types de Cheveux

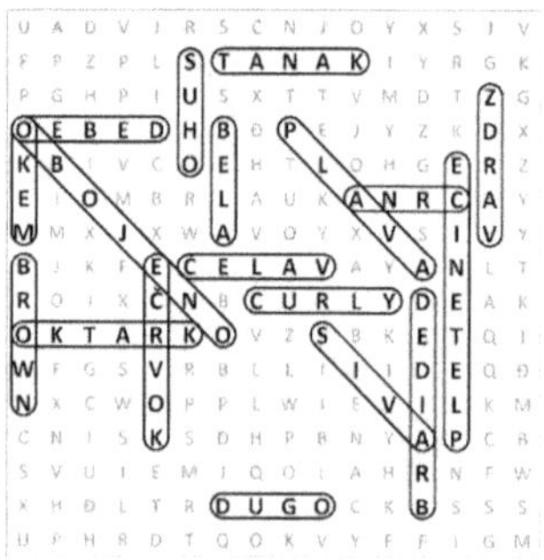

19 - Archéologie

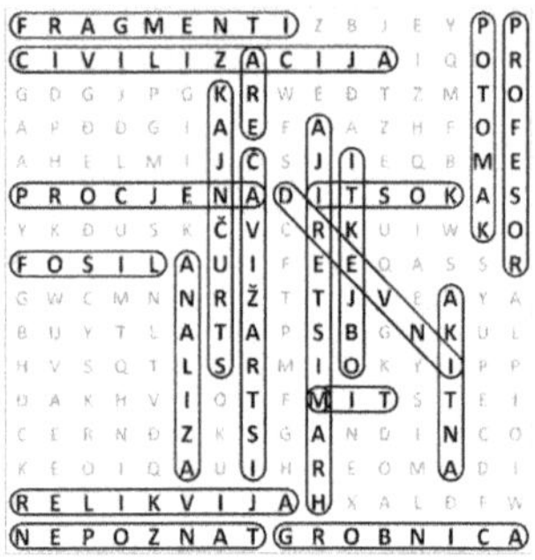

20 - Mammifères

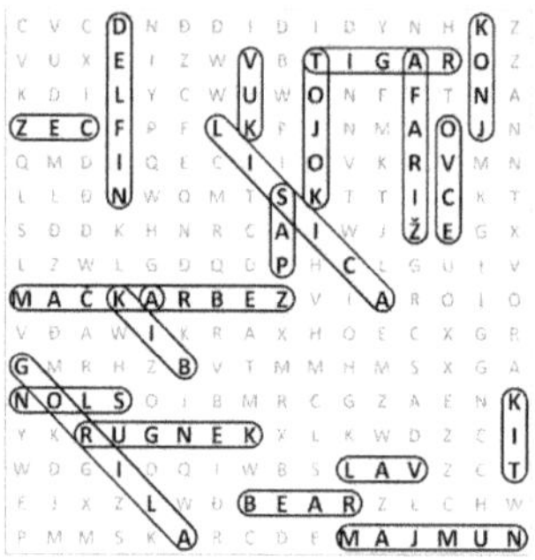

21 - Chocolat

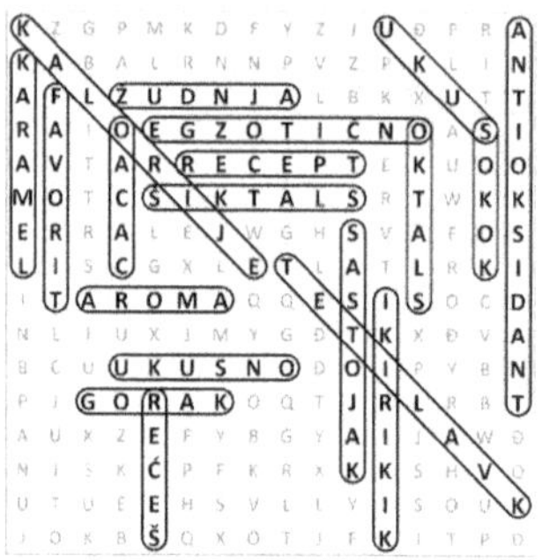

22 - Mathématiques

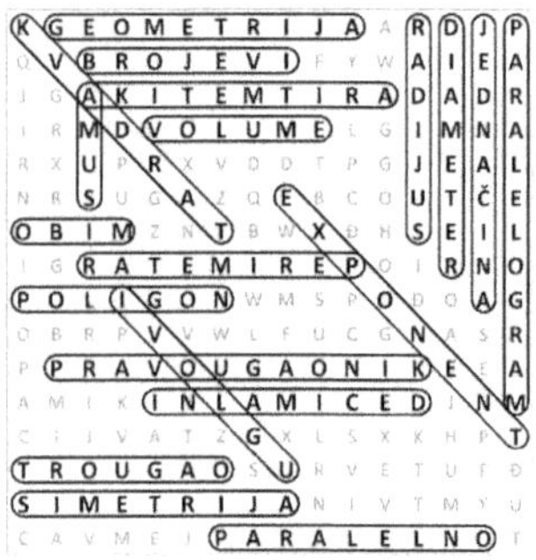

23 - Mythologie

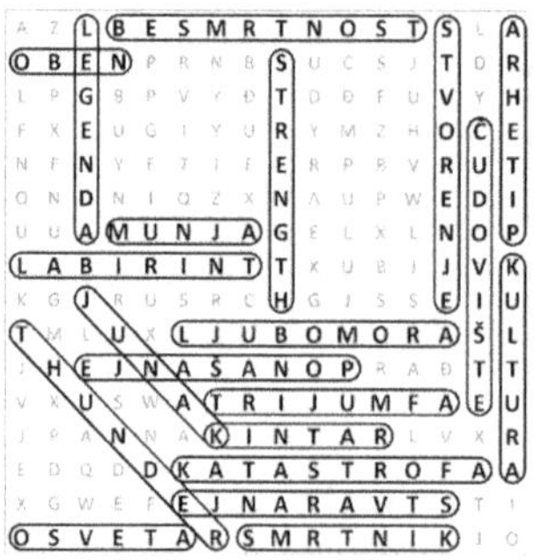

24 - Couleurs

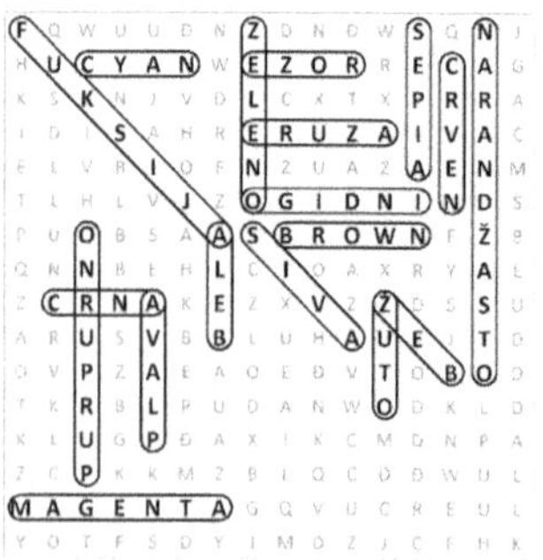

25 - Beauté

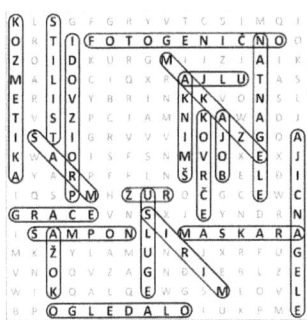

26 - Avions

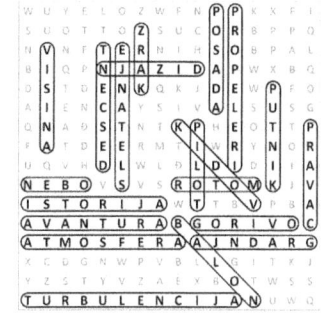

27 - Aventure

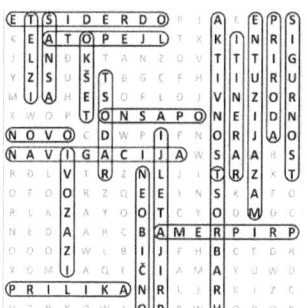

28 - Ville

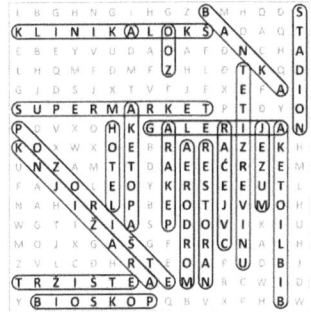

29 - Ingénierie

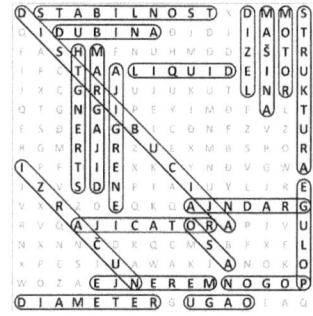

30 - Énergie

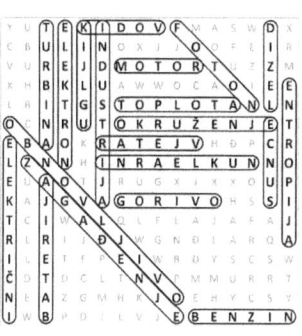

31 - Cuisine

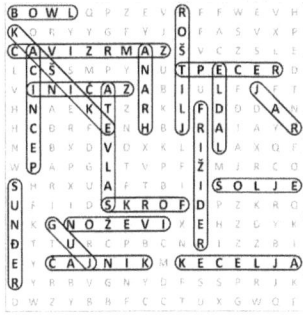

32 - Corps Humain

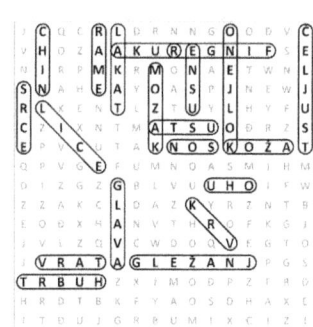

33 - Biologie

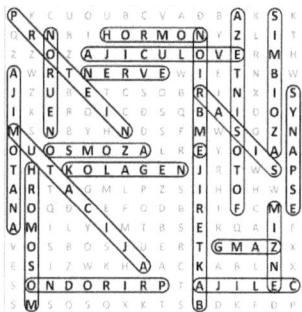

34 - Épices

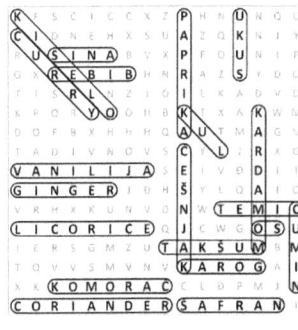

35 - Agronomie

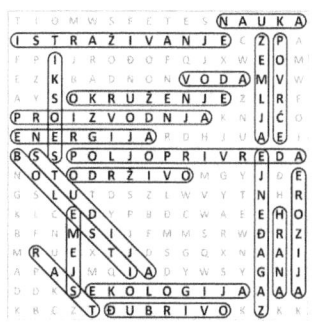

36 - Science

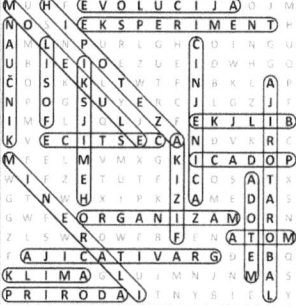

37 - Vêtements

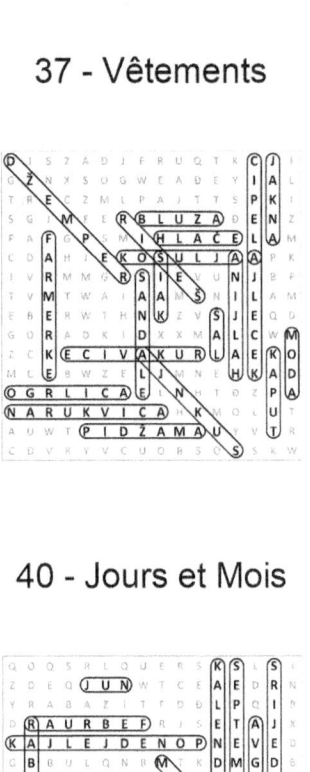

38 - Littérature

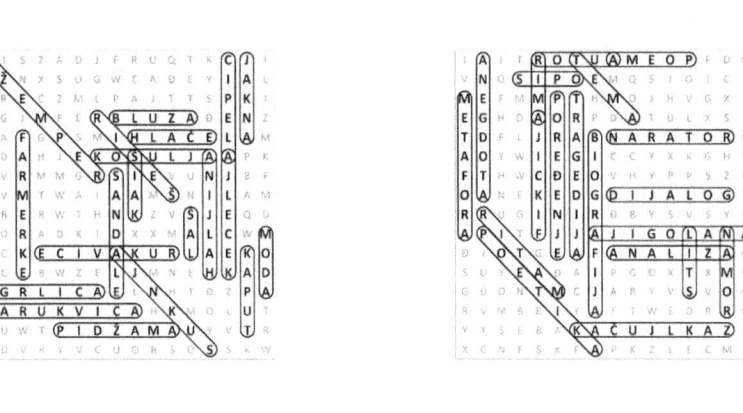

39 - Nourriture #1

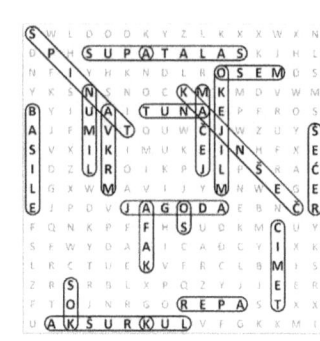

40 - Jours et Mois

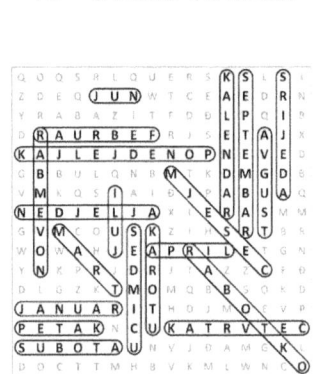

41 - Jardinage

42 - Entreprise

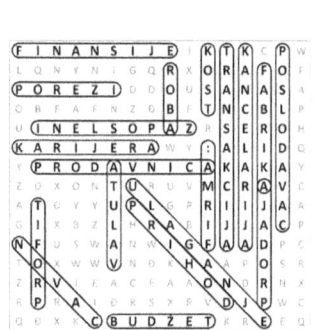

43 - Activités

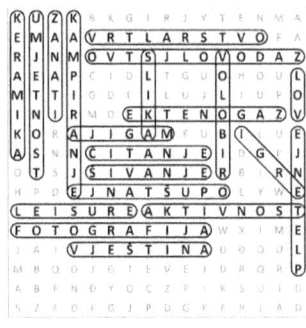

44 - Fleurs

45 - Nourriture #2

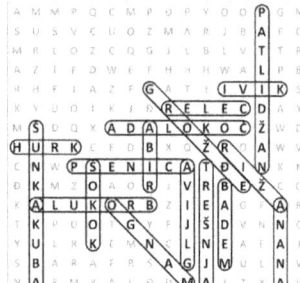

46 - Algèbre

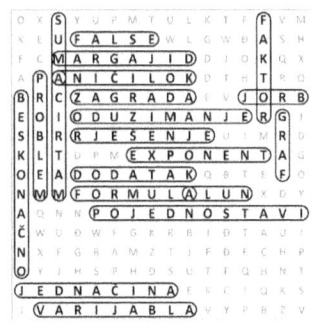

47 - Océan

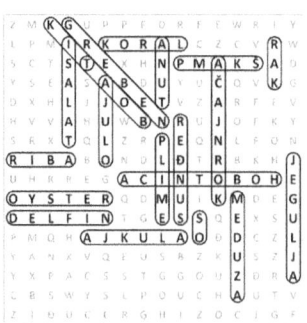

48 - Antiquités

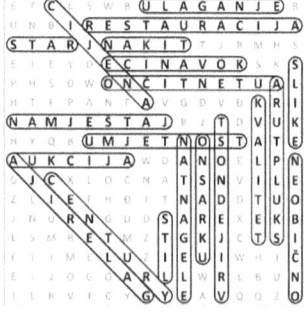

49 - Réchauffement Cli

50 - Ballet

51 - Fruit

52 - Technologie

53 - Musique

54 - Météo

55 - L'Entreprise

56 - Gouvernement

57 - Randonnée

58 - Nutrition

59 - Créativité

60 - Science Fiction

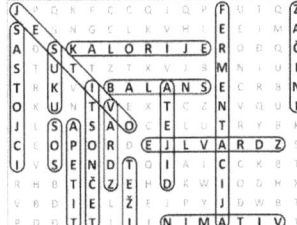

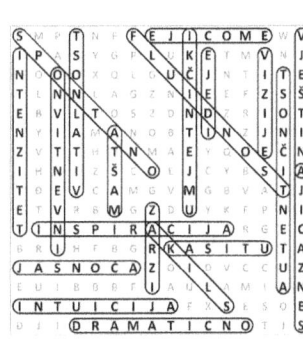

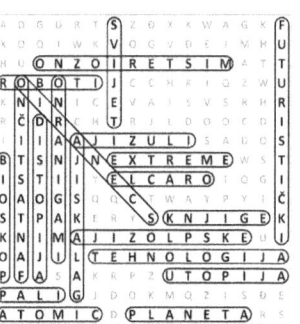

61 - Professions #1

62 - Géologie

63 - Jardin

64 - Santé et Bien Être #1

65 - Barbecues

66 - Forêt Tropicale

67 - Insectes

68 - Ferme #1

69 - Antarctique

70 - Professions #2

71 - Les Abeilles

72 - Santé et Bien Être #2

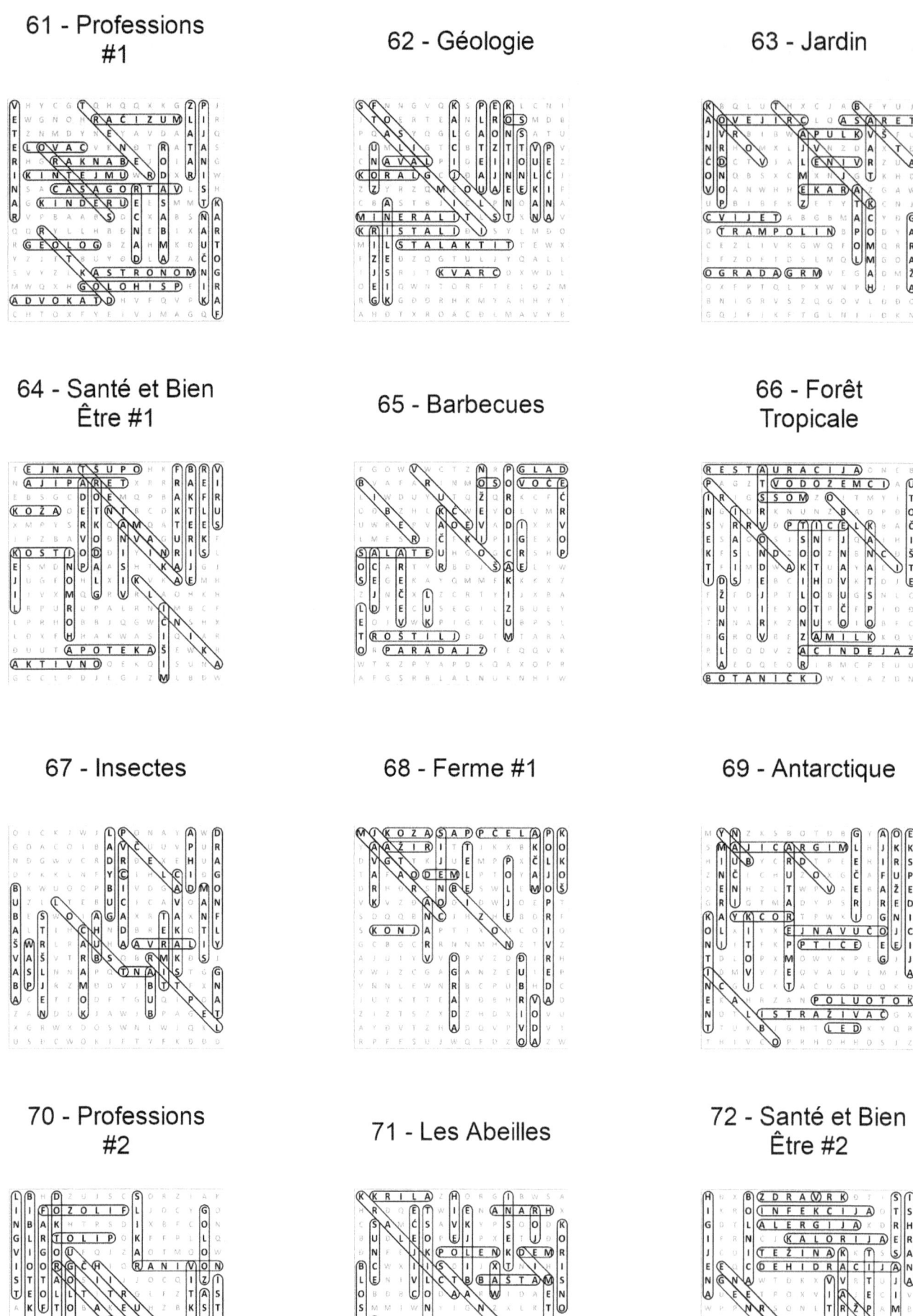

73 - Conduite

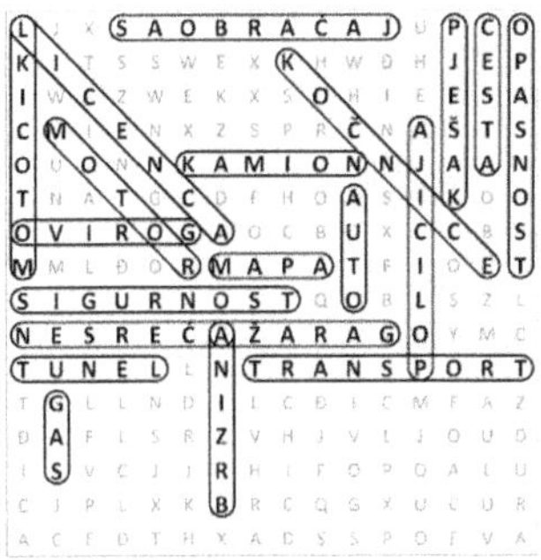

74 - Plantes

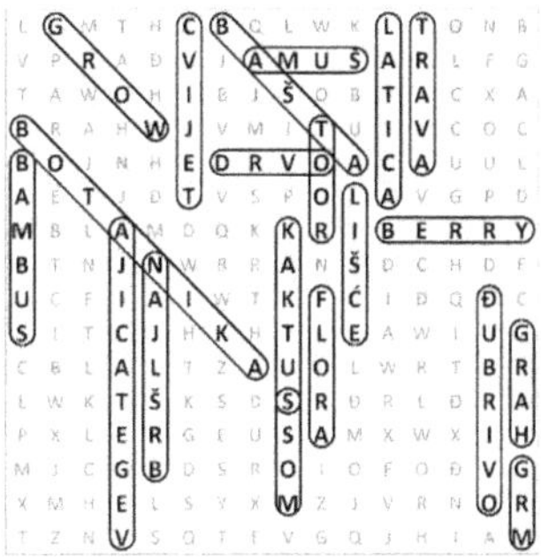

75 - Ferme #2

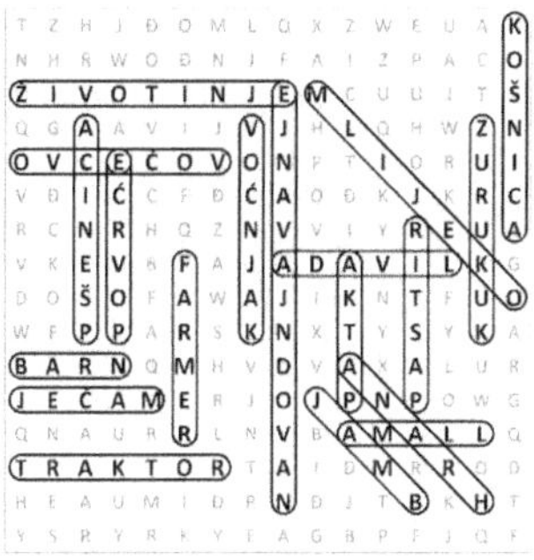

76 - Vacances #2

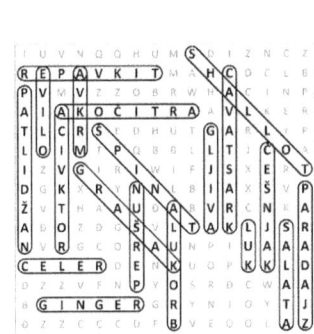
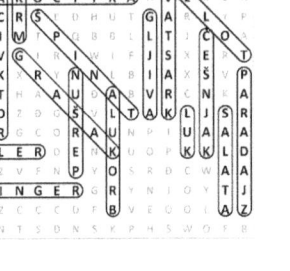

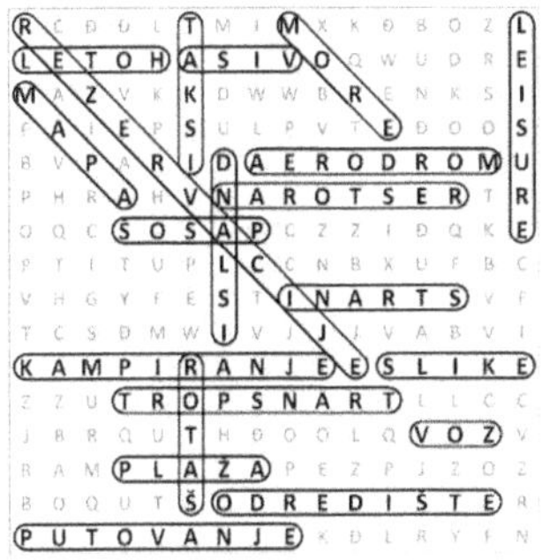

77 - Temps

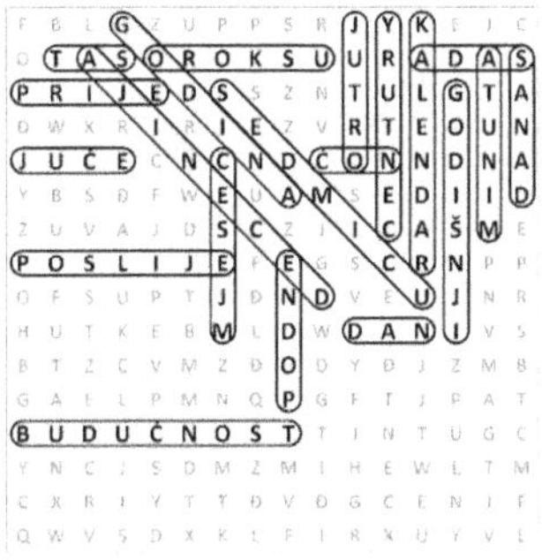

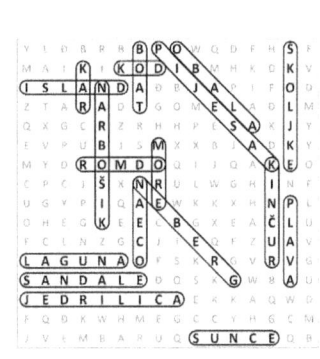

78 - Maison

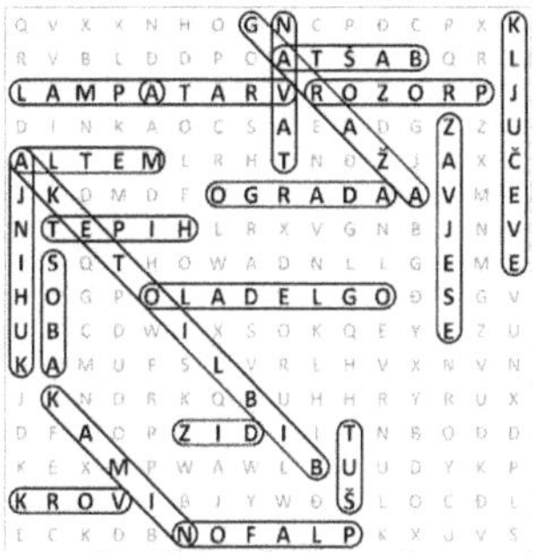

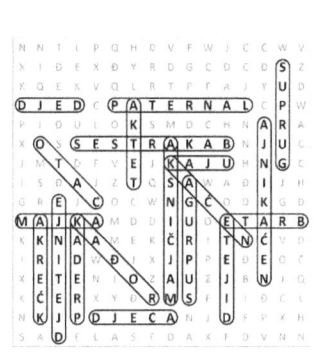

79 - Légumes

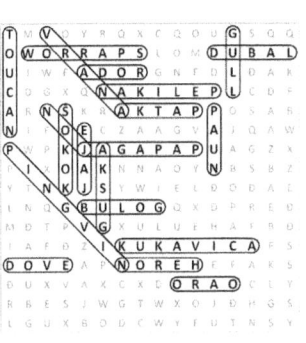

80 - Plage

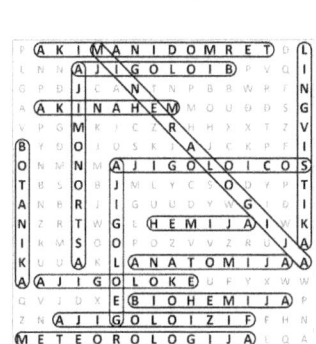

81 - Famille

82 - Oiseaux

83 - Disciplines Scientifiques

84 - Maladie

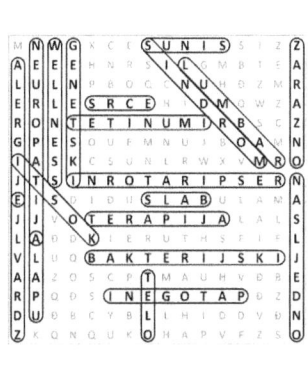

85 - Univers

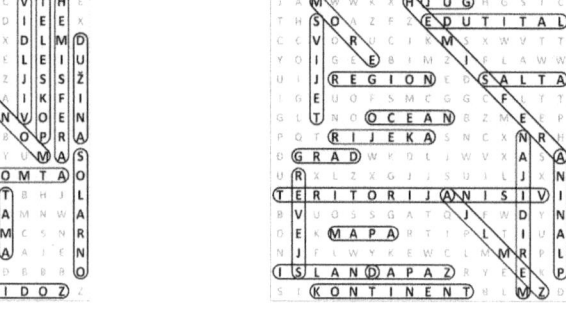

86 - Géographie

87 - Bâtiments

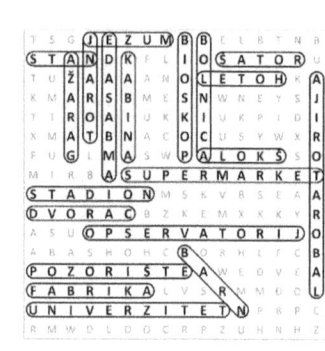

88 - Activités et Loisirs

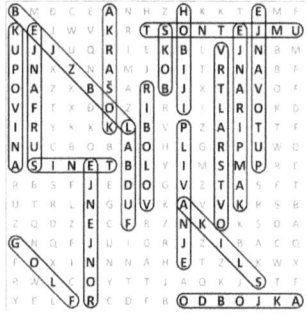

89 - Livres

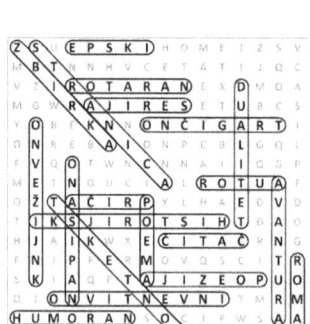
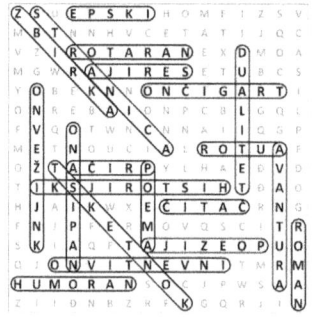

90 - Pays #2

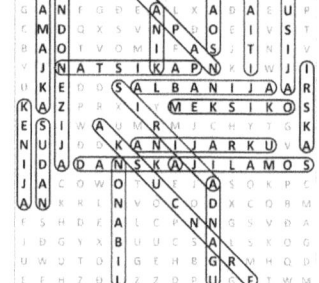

91 - Fournitures d'Art

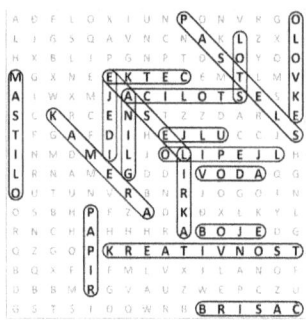

92 - Jazz

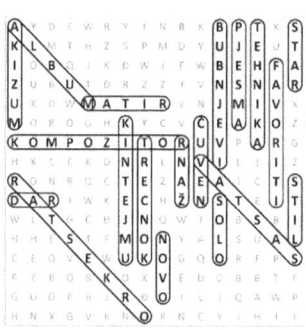
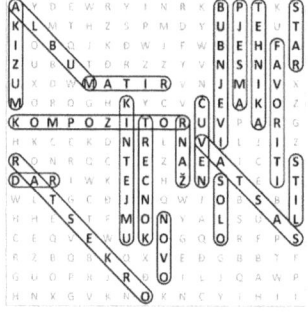

93 - Paysages

94 - Pays #1

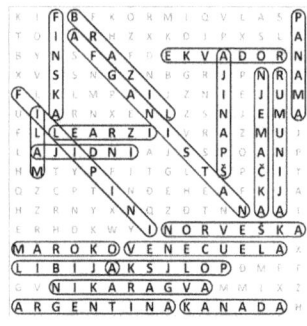

95 - Nombres

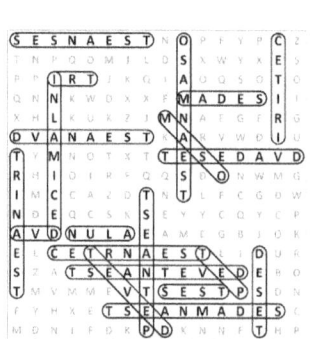
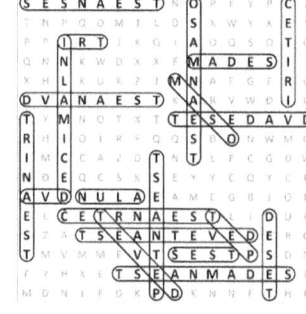

96 - Psychologie

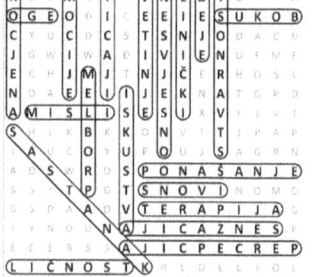

97 - Nature

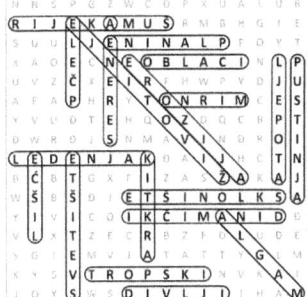

98 - Chimie

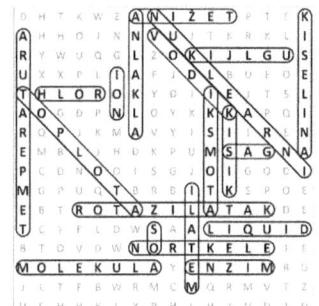

99 - Bateaux

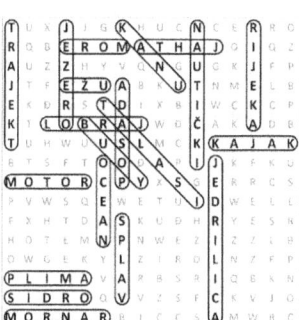

100 - Mesures

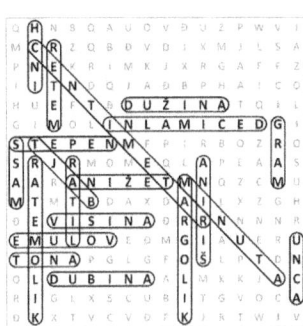

Dictionnaire

Activités
Aktivnosti

Activité	Aktivnost
Art	Umjetnost
Artisanat	Zanati
Camping	Kampiranje
Céramique	Keramika
Chasse	Lov
Compétence	Vještina
Couture	Šivanje
Jardinage	Vrtlarstvo
Jeux	Igre
Lecture	Čitanje
Loisir	Leisure
Magie	Magija
Peinture	Slika
Pêche	Ribolov
Photographie	Fotografija
Plaisir	Zadovoljstvo
Puzzles	Zagonetke
Relaxation	Opuštanje
Tricot	Pletenje

Activités et Loisirs
Aktivnosti i Slobodno Vr

Achats	Kupovina
Art	Umjetnost
Base-Ball	Bejzbol
Basket-Ball	Košarka
Boxe	Boks
Camping	Kampiranje
Football	Fudbal
Golf	Golf
Jardinage	Vrtlarstvo
Nager	Plivanje
Passe-Temps	Hobiji
Peinture	Slika
Pêche	Ribolov
Plongée	Ronjenje
Surf	Surfanje
Tennis	Tenis
Volley-Ball	Odbojka
Voyage	Putovanje

Adjectifs #1
Pridjevi #1

Absolu	Potpuni
Actif	Aktivno
Ambitieux	Ambiciozno
Aromatique	Aromaticno
Artistique	Umjetnički
Attractif	Privlačno
Beau	Divno.
Exotique	Egzotično
Énorme	Ogroman
Généreux	Velikodušan
Honnête	Iskren
Identique	Identični
Important	Bitan
Innocent	Nevin
Jeune	Mlad
Lent	Spor
Lourd	Teška
Mince	Tanak
Moderne	Moderna
Parfait	Savršeno

Adjectifs #2
Pridjevi #2

Authentique	Autentično
Célèbre	Čuven
Créatif	Kreativan
Descriptif	Opisno
Doué	Nadaren
Dramatique	Dramaticno
Élégant	Elegantan
Fier	Ponosan
Fort	Jak
Intéressant	Zanimljivo
Naturel	Prirodno
Nouveau	Novo
Productif	Produktivno
Puissant	Moćan
Pur	Čisto
Responsable	Odgovoran
Sain	Zdrav
Salé	Slano
Sauvage	Divlji
Sec	Suho

Agronomie
Agronomija

Agriculture	Poljoprivreda
Croissance	Rast
Durable	Održivo
Eau	Voda
Engrais	Đubrivo
Environnement	Okruženje
Écologie	Ekologija
Énergie	Energija
Érosion	Erozija
Étude	Studija
Graines	Sjeme
Légumes	Povrće
Maladies	Bolesti
Nourriture	Hrana
Pollution	Zagađenje
Production	Proizvodnja
Recherche	Istraživanje
Rural	Seoski
Science	Nauka
Sol	Zemlja

Algèbre
Algebra

Addition	Dodatak
Diagramme	Dijagram
Exposant	Exponent
Équation	Jednačina
Facteur	Faktor
Faux	False
Formule	Formula
Graphique	Graf
Infini	Beskonačno
Matrice	Matrica
Nombre	Broj
Parenthèse	Zagrada
Problème	Problem
Quantité	Količina
Simplifier	Pojednostavi
Solution	Rješenje
Somme	Suma
Soustraction	Oduzimanje
Variable	Varijabla
Zéro	Nula

Antarctique
Antarktika

Baie	Bay
Baleines	Kitovi
Chercheur	Istraživač
Conservation	Očuvanje
Continent	Kontinent
Eau	Voda
Environnement	Okruženje
Expédition	Ekspedicija
Géographie	Geografija
Glace	Led
Glaciers	Glečeri
Migration	Migracija
Minéraux	Minerali
Nuage	Oblaci
Oiseaux	Ptice
Péninsule	Poluotok
Rocheux	Rocky
Scientifique	Naučni
Température	Temperatura
Topographie	Topografija

Antiquités
Antikviteti

Art	Umjetnost
Authentique	Autentično
Bijoux	Nakit
Décoratif	Ukrasno
Enchères	Aukcija
Élégant	Elegantan
Galerie	Galerija
Inhabituel	Neobično
Investissement	Ulaganje
Meubles	Namještaj
Peintures	Slike
Pièces	Kovanice
Prix	Cijena
Qualité	Kvalitet
Restauration	Restauracija
Sculpture	Skulptura
Siècle	Century
Style	Stil
Valeur	Vrijednost
Vieux	Star

Archéologie
Arheologija

Analyse	Analiza
Ancien	Drevni
Antiquité	Antika
Chercheur	Istraživač
Civilisation	Civilizacija
Descendant	Potomak
Expert	Stručnjak
Ère	Era
Équipe	Tim
Évaluation	Procjena
Fossile	Fosil
Fragments	Fragmenti
Inconnu	Nepoznat
Mystère	Misterija
Objets	Objekti
Os	Kosti
Professeur	Profesor
Relique	Relikvija
Temple	Hram
Tombe	Grobnica

Astronomie
Astronomija

Astéroïde	Asteroid
Astronaute	Astronaut
Astronome	Astronom
Ciel	Nebo
Constellation	Sazviježđe
Cosmos	Cosmos
Éclipse	Eklipsa
Équinoxe	Equinox
Fusée	Raketa
Galaxie	Galaksija
Lune	Mjesec
Météore	Meteor
Nébuleuse	Nebula
Observatoire	Opservatorij
Planète	Planeta
Radiation	Zračenje
Solaire	Solarno
Supernova	Supernova
Terre	Zemlja
Univers	Svemir

Aventure
Avantura

Activité	Aktivnost
Amis	Prijatelji
Beauté	Ljepota
Bravoure	Hrabrost
Chance	Šansa
Dangereux	Opasno
Destination	Odredište
Défis	Izazovi
Difficulté	Teško
Enthousiasme	Entuzijazam
Excursion	Izlet
Inhabituel	Neobično
Itinéraire	Itinerar
Joie	Radost
Nature	Priroda
Navigation	Navigacija
Nouveau	Novo
Opportunité	Prilika
Préparation	Priprema
Sécurité	Sigurnost

Avions
Avioni

Air	Zrak
Atmosphère	Atmosfera
Atterrissage	Sletanje
Aventure	Avantura
Ballon	Balon
Carburant	Gorivo
Ciel	Nebo
Construction	Gradnja
Descente	Descent
Design	Dizajn
Direction	Pravac
Équipage	Posada
Hauteur	Visina
Hélices	Propeleri
Histoire	Istorija
Hydrogène	Vodik
Moteur	Motor
Passager	Putnik
Pilote	Pilot
Turbulence	Turbulencija

Ballet
Balet

Applaudissement	Aplauz
Artistique	Umjetnički
Ballerine	Balerina
Chorégraphie	Koreografija
Compétence	Vještina
Compositeur	Kompozitor
Danseurs	Plesači
Expressif	Izražajno
Geste	Gest
Gracieux	Graciozan
Intensité	Intenzitet
Muscles	Mišići
Musique	Muzika
Orchestre	Orkestar
Répétition	Proba
Rythme	Ritam
Solo	Solo
Style	Stil
Technique	Tehnika

Barbecues
Roštilji

Chaud	Vruće
Couteaux	Noževi
Déjeuner	Ručak
Dîner	Večera
Enfants	Djeca
Été	Leto
Faim	Glad
Famille	Porodica
Fruit	Voće
Gril	Roštilj
Jeux	Igre
Légumes	Povrće
Musique	Muzika
Oignons	Luk
Poivre	Biber
Poulet	Kokoš
Salades	Salate
Sauce	Sos
Sel	So
Tomates	Paradajz

Bateaux
Brodovi

Ancre	Sidro
Bouée	Buoy
Canoë	Kanu
Corde	Uže
Équipage	Posada
Ferry	Trajekt
Fleuve	Rijeka
Kayak	Kajak
Lac	Jezero
Marée	Plima
Marin	Mornar
Mât	Jarbol
Mer	More
Moteur	Motor
Nautique	Nautički
Océan	Ocean
Radeau	Splav
Vagues	Talasi
Voilier	Jedrilica
Yacht	Jahta

Bâtiments
Zgrade

Ambassade	Ambasade
Appartement	Stan
Cabine	Kabina
Château	Dvorac
Cinéma	Bioskop
École	Škola
Garage	Garaža
Grange	Barn
Hôpital	Bolnica
Hôtel	Hotel
Laboratoire	Laboratorija
Musée	Muzej
Observatoire	Opservatorij
Stade	Stadion
Supermarché	Supermarket
Tente	Šator
Théâtre	Pozorište
Tour	Toranj
Université	Univerzitet
Usine	Fabrika

Beauté
Ljepota

Boucles	Kovrče
Charme	Šarm
Ciseaux	Makaze
Cosmétique	Kozmetika
Couleur	Boja
Élégance	Elegancija
Élégant	Elegantan
Grâce	Grace
Huiles	Ulja
Maquillage	Šminka
Mascara	Maskara
Miroir	Ogledalo
Parfum	Miris
Peau	Koža
Photogénique	Fotogenično
Produits	Proizvodi
Rouge à Lèvres	Ruž
Services	Usluge
Shampooing	Šampon
Styliste	Stilist

Biologie
Biologija

Anatomie	Anatomija
Bactéries	Bakterije
Cellule	Ćelija
Chromosome	Hromosom
Collagène	Kolagen
Embryon	Embrion
Enzyme	Enzim
Évolution	Evolucija
Hormone	Hormon
Mammifère	Sisar
Mutation	Mutacija
Naturel	Prirodno
Nerf	Nerve
Neurone	Neuron
Osmose	Osmoza
Photosynthèse	Fotosinteza
Protéine	Protein
Reptile	Gmaz
Symbiose	Simbioza
Synapse	Synapse

Camping
Kampovanje

Animaux	Životinje
Aventure	Avantura
Boussole	Kompas
Cabine	Kabina
Canoë	Kanu
Carte	Mapa
Chapeau	Šešir
Chasse	Lov
Corde	Uže
Équipement	Oprema
Feu	Pali!
Forêt	Šuma
Hamac	Hammock
Insecte	Insekt
Lac	Jezero
Lanterne	Fenjer
Lune	Mjesec
Montagne	Planina
Nature	Priroda
Tente	Šator

Chimie
Hemija

Acide	Kiselina
Alcalin	Alkalna
Atomique	Atomski
Carbone	Ugljik
Catalyseur	Katalizator
Chaleur	Toplota
Chlore	Hlor
Enzyme	Enzim
Électron	Elektron
Gaz	Gas
Hydrogène	Vodik
Ion	Ion
Liquide	Liquid
Métaux	Metali
Molécule	Molekula
Nucléaire	Nuklearni
Oxygène	Kisik
Poids	Težina
Sel	So
Température	Temperatura

Chocolat
Čokolada

Amer	Gorak
Antioxydant	Antioksidant
Arôme	Aroma
Bonbon	Slatkiš
Cacahuètes	Kikiriki
Cacao	Cacao
Calories	Kalorije
Caramel	Karamel
Délicieux	Ukusno
Doux	Slatko
Envie	Žudnja
Exotique	Egzotično
Favori	Favorit
Goût	Ukus
Ingrédient	Sastojak
Noix de Coco	Kokos
Qualité	Kvalitet
Recette	Recept
Sucre	Šećer

Conduite
Vožnja

Accident	Nesreća
Camion	Kamion
Carburant	Gorivo
Carte	Mapa
Danger	Opasnost
Freins	Kočnice
Garage	Garaža
Gaz	Gas
Licence	Licenca
Moteur	Motor
Moto	Motocikl
Piéton	Pješak
Police	Policija
Route	Cesta
Sécurité	Sigurnost
Trafic	Saobraćaj
Transport	Transport
Tunnel	Tunel
Vitesse	Brzina
Voiture	Auto

Corps Humain
Ljudsko Tijelo

Bouche	Usta
Cerveau	Mozak
Cheville	Gležanj
Cou	Vrat
Coude	Lakat
Cœur	Srce
Doigt	Finger
Estomac	Trbuh
Épaule	Rame
Genou	Koljeno
Lèvres	Usne
Main	Ruka
Mâchoire	Čeljust
Menton	Chin
Nez	Nos
Oreille	Uho
Peau	Koža
Sang	Krv
Tête	Glava
Visage	Lice

Couleurs
Boje

Azur	Azure
Beige	Bež
Blanc	Bela
Bleu	Plava
Cyan	Cyan
Fuchsia	Fuksija
Gris	Siva
Indigo	Indigo
Jaune	Žuto
Magenta	Magenta
Marron	Brown
Noir	Crna
Orange	Narandžasto
Rose	Roze
Rouge	Crven
Sépia	Sepia
Vert	Zeleno
Violet	Purpurno

Créativité
Kreativnost

Artistique	Umjetnički
Authenticité	Autentičnost
Clarté	Jasnoća
Compétence	Vještina
Dramatique	Dramaticno
Expression	Izraz
Émotions	Emocije
Fluidité	Fluidnost
Idées	Ideje
Image	Slika
Imagination	Mašta
Impression	Utisak
Inspiration	Inspiracija
Intensité	Intenzitet
Intuition	Intuicija
Inventif	Inventivno
Sensation	Senzacija
Spontané	Spontano
Visions	Vizije
Vitalité	Vitalnost

Cuisine
Kuhinja

Bol	Bowl
Bouilloire	Čajnik
Congélateur	Zamrzivač
Couteaux	Noževi
Cruche	Jug
Cuillères	Kašike
Épices	Začini
Éponge	Sunđer
Four	Pecnica
Fourchettes	Forks
Gril	Roštilj
Louche	Ladle
Nourriture	Hrana
Pot	Jar
Recette	Recept
Réfrigérateur	Frižider
Serviette	Salveta
Tablier	Kecelja
Tasses	Šolje

Diplomatie
Diplomatija

Ambassade	Ambasade
Ambassadeur	Ambasador
Citoyens	Građani
Communauté	Zajednica
Conflit	Sukob
Conseiller	Savjetnik
Coopération	Saradnja
Diplomatique	Diplomatski
Discussion	Diskusija
Éthique	Etika
Étranger	Strani
Gouvernement	Vlada
Humanitaire	Humanitarac
Intégrité	Integritet
Justice	Pravda
Politique	Politika
Résolution	Rezolucija
Sécurité	Sigurnost
Solution	Rješenje
Traité	Ugovor

Disciplines Scientifiques
Naučne Discipline

Anatomie	Anatomija
Archéologie	Arheologija
Astronomie	Astronomija
Biochimie	Biohemija
Biologie	Biologija
Botanique	Botanika
Chimie	Hemija
Écologie	Ekologija
Géologie	Geologija
Immunologie	Imunologija
Linguistique	Lingvistika
Mécanique	Mehanika
Météorologie	Meteorologija
Minéralogie	Mineralogija
Neurologie	Neurologija
Physiologie	Fiziologija
Psychologie	Psihologija
Sociologie	Sociologija
Thermodynamique	Termodinamika
Zoologie	Zoologija

Entreprise
Biznisni Fax

Argent	Novac
Boutique	Prodavnica
Budget	Budžet
Bureau	Kancelarija
Carrière	Karijera
Coût	Kost
Devise	Valuta
Employeur	Poslodavac
Employé	Zaposleni
Entreprise	Firma:
Économie	Ekonomija
Finance	Finansije
Impôts	Porezi
Investissement	Ulaganje
Marchandise	Roba
Profit	Profit
Revenu	Prihod
Transaction	Transakcija
Usine	Fabrika
Vente	Prodaja

Écologie
Ekologija

Bénévoles	Volonteri
Climat	Klima
Communautés	Zajednice
Diversité	Raznolikost
Durable	Održivo
Espèce	Vrsta
Faune	Fauna
Flore	Flora
Global	Globalno
Habitat	Stanište
Marais	Marsh
Marin	Marine
Montagnes	Planine
Nature	Priroda
Naturel	Prirodno
Plantes	Biljke
Ressources	Resursi
Sécheresse	Suša
Survie	Opstanak
Végétation	Vegetacija

Électricité
Elektricitet

Aimant	Magnet
Ampoule	Sijalica
Batterie	Baterija
Câble	Kabl
Électricien	Električar
Électrique	Električni
Équipement	Oprema
Fils	Žice
Générateur	Generator
Lampe	Lampa
Laser	Laser
Négatif	Negativno
Objets	Objekti
Positif	Pozitivno
Prise	Socket
Quantité	Količina
Réseau	Mreža
Stockage	Skladište
Téléphone	Telefon
Télévision	Televizija

Énergie
Energija

Batterie	Baterija
Carbone	Ugljik
Carburant	Gorivo
Chaleur	Toplota
Diesel	Dizel
Entropie	Entropija
Environnement	Okruženje
Essence	Benzin
Électrique	Električni
Électron	Elektron
Hydrogène	Vodik
Industrie	Industrija
Moteur	Motor
Nucléaire	Nuklearni
Photon	Foton
Pollution	Zagađenje
Renouvelable	Obnovljivo
Soleil	Sunce
Turbine	Turbina
Vent	Vjetar

Épices
Unit-Format

Aigre	Kiselo
Ail	Češnjak
Amer	Gorak
Anis	Anis
Cannelle	Cimet
Cardamome	Kardamom
Coriandre	Coriander
Cumin	Cumin
Curry	Curry
Fenouil	Komorač
Gingembre	Ginger
Muscade	Muškat
Oignon	Luk
Paprika	Paprika
Poivre	Biber
Réglisse	Licorice
Safran	Šafran
Saveur	Ukus
Sel	So
Vanille	Vanilija

Famille
Porodično Ime

Ancêtre	Predak
Cousin	Rođak
Enfance	Djetinje
Enfant	Dijete
Enfants	Djeca
Femme	Supruga
Fille	Kćerka
Frère	Brate
Grand-Mère	Baka
Grand-Père	Djed
Mari	Suprug
Maternel	Majčinska
Mère	Majka
Neveu	Nećak
Nièce	Nećakinja
Oncle	Ujak
Paternel	Paternal
Père	Otac
Soeur	Sestra
Tante	Tetka

Ferme #1
Farma # 1

Abeille	Pčela
Agriculture	Poljoprivreda
Âne	Magarac
Bison	Bizon
Champ	Polje
Chat	Mačka
Cheval	Konj
Chèvre	Koza
Chien	Pas
Clôture	Ograda
Corbeau	Vrana
Eau	Voda
Engrais	Đubrivo
Foin	Sijeno
Miel	Med
Poulet	Kokoš
Riz	Riža
Troupeau	Jato
Vache	Krava
Veau	Tele

Ferme #2
Farma #2

Agneau	Jamb
Agriculteur	Farmer
Animaux	Životinje
Berger	Pastir
Blé	Pšenica
Canard	Patka
Fruit	Voće
Grange	Barn
Irrigation	Navodnjavanje
Lait	Mlijeko
Lama	Llama
Légume	Povrće
Maïs	Kukuruz
Mouton	Ovce
Nourriture	Hrana
Orge	Ječam
Pré	Livada
Ruche	Košnica
Tracteur	Traktor
Verger	Voćnjak

Fleurs
Cvijeće

Bouquet	Buket
Gardénia	Gardenia
Hibiscus	Hibiskus
Jasmin	Jasmine
Jonquille	Daffodil
Lavande	Lavanda
Lilas	Jorgovan
Lys	Lily
Magnolia	Magnolija
Marguerite	Tratinčica
Orchidée	Orhideja
Passiflore	Passionflower
Pavot	Poppy
Pétale	Petal
Pissenlit	Maslačak
Pivoine	Peony
Plumeria	Plumeria
Tournesol	Suncokret
Trèfle	Clover
Tulipe	Tulip

Force et Gravité
Sila i Gravitacija

Axe	Osa
Centre	Centar
Découverte	Otkriće
Distance	Razdaljina
Dynamique	Dinamički
Expansion	Proširenje
Friction	Trenje
Impact	Udar
Magnétisme	Magnetizam
Mécanique	Mehanika
Mouvement	Kretanje
Orbite	Orbita
Physique	Fizika
Planètes	Planete
Poids	Težina
Pression	Pritisak
Propriétés	Osobine
Temps	Vrijeme
Universel	Univerzalni
Vitesse	Brzina

Forêt Tropicale
Kišna Šuma

Amphibiens	Vodozemci
Botanique	Botanički
Climat	Klima
Communauté	Zajednica
Diversité	Raznolikost
Espèce	Vrsta
Indigène	Autohtoni
Insectes	Insekti
Jungle	Džungla
Mammifères	Sisari
Mousse	Moss
Nature	Priroda
Nuage	Oblaci
Oiseaux	Ptice
Précieux	Vrijedno
Préservation	Očuvanje
Refuge	Utočište
Restauration	Restauracija
Survie	Opstanak

Formes
Oblici

Arc	Arc
Bords	Ivice
Carré	Kvadrat
Cercle	Krug
Coin	Ugao
Courbe	Krivina
Cône	Cone
Côté	Strana
Cube	Kocka
Cylindre	Cilindar
Ellipse	Elipsa
Hyperbole	Hiperbola
Ligne	Linija
Ovale	Ovalni
Polygone	Poligon
Prisme	Prism
Pyramide	Piramide
Rectangle	Pravougaonik
Triangle	Trougao

Fournitures d'Art
Umjetnički Pribor

Acrylique	Akril
Argile	Glina
Brosses	Četke
Caméra	Kamera
Chaise	Stolica
Chevalet	Easel
Colle	Ljepilo
Couleurs	Boje
Crayons	Olovke
Créativité	Kreativnost
Eau	Voda
Encre	Mastilo
Gomme	Brisač
Huile	Ulje
Idées	Ideje
Papier	Papir
Pastels	Pastels
Table	Stol

Fruit
Voće.

Abricot	Marelica
Ananas	Ananas
Avocat	Avokado
Baie	Berry
Banane	Banana
Cerise	Trešnja
Citron	Limun
Figue	Fig
Framboise	Malina
Goyave	Guava
Kiwi	Kivi
Mangue	Mango
Melon	Dinja
Nectarine	Nektarin
Orange	Narandžasto
Papaye	Papaya
Pêche	Breskvica
Poire	Kruška
Pomme	Jabuka
Raisin	Grožđe

Géographie
Bibliografija

Altitude	Visina
Atlas	Atlas
Carte	Mapa
Continent	Kontinent
Fleuve	Rijeka
Hémisphère	Hemisfera
Île	Island
Latitude	Latitude
Mer	More
Méridien	Meridijan
Monde	Svijet
Montagne	Planina
Nord	Sjever
Océan	Ocean
Ouest	Zapad
Pays	Zemlja
Région	Region
Sud	Jug
Territoire	Teritorija
Ville	Grad

Géologie
Geologija

Acide	Kiselina
Calcium	Kalcij
Caverne	Pećina
Continent	Kontinent
Corail	Koral
Couche	Sloj
Cristaux	Kristali
Érosion	Erozija
Fossile	Fosil
Geyser	Gejzir
Lave	Lava
Minéraux	Minerali
Pierre	Stone
Plateau	Plateau
Quartz	Kvarc
Sel	So
Stalactite	Stalaktit
Stalagmites	Stalagmiti
Volcan	Vulkan
Zone	Zonu

Géométrie
Geometrija

Angle	Ugao
Calcul	Izračun
Cercle	Krug
Courbe	Krivina
Diamètre	Diameter
Dimension	Dimenzija
Équation	Jednačina
Hauteur	Visina
Logique	Logika
Masse	Mass
Médian	Medijan
Nombre	Broj
Parallèle	Paralelno
Proportion	Proporcija
Segment	Segment
Surface	Površina
Symétrie	Simetrija
Théorie	Teorija
Triangle	Trougao
Vertical	Vertikalno

Gouvernement
Vlada

Citoyenneté	Državljanstvo
Civil	Civil
Constitution	Ustav
Démocratie	Demokratija
Discours	Govor
Discussion	Diskusija
Droits	Prava
Égalité	Jednakost
État	Stanje
Indépendance	Nezavisnost
Judiciaire	Sudski
Justice	Pravda
Leader	Vođa
Liberté	Sloboda
Loi	Zakon
Monument	Spomenik
Nation	Nacija
Paisible	Mirno
Politique	Politika
Symbole	Simbol

Herboristerie
Herbalizam

Ail	Češnjak
Aromatique	Aromaticno
Basilic	Basile
Bénéfique	Korisno
Culinaire	Kulinarski
Estragon	Estragon
Fenouil	Komorač
Fleur	Cvijet
Ingrédient	Sastojak
Jardin	Bašta
Lavande	Lavanda
Marjolaine	Marjoram
Menthe	Menta
Persil	Peršun
Qualité	Kvalitet
Romarin	Rosemary
Safran	Šafran
Saveur	Ukus
Thym	Timijan
Vert	Zeleno

Ingénierie
Inženjering

Angle	Ugao
Axe	Osa
Calcul	Izračun
Construction	Gradnja
Diagramme	Dijagram
Diamètre	Diameter
Diesel	Dizel
Distribution	Distribucija
Énergie	Energija
Force	Strength
Leviers	Poluge
Liquide	Liquid
Machine	Mašina
Mesure	Merenje
Moteur	Motor
Profondeur	Dubina
Propulsion	Pogon
Rotation	Rotacija
Stabilité	Stabilnost
Structure	Struktura

Insectes
Insekti

Abeille	Pčela
Cafard	Bubašvaba
Cigale	Cicada
Coccinelle	Ladybug
Criquet	Locust
Fourmi	Ant
Frelon	Stršljen
Guêpe	Wasp
Larve	Larva
Libellule	Dragonfly
Mante	Mantis
Moucheron	Gnat
Moustique	Komarac
Papillon	Leptir
Puce	Buha
Puceron	Aphid
Sauterelle	Skakavac
Scarabée	Buba
Termite	Termit
Ver	Crv

Instruments de Musique
Muziäťki Instrumenti

Banjo	Banjo
Basson	Fagot
Clarinette	Klarinet
Flûte	Flauta
Gong	Gong
Guitare	Gitara
Harmonica	Harmonika
Harpe	Harp
Hautbois	Oboe
Mandoline	Mandolina
Marimba	Marimba
Percussion	Udaraljke
Piano	Klavir
Saxophone	Saksofon
Tambour	Bubanj
Tambourin	Tambura
Trombone	Trombon
Trompette	Truba
Violon	Violinu
Violoncelle	Čelo

Jardin
Vrt

Arbre	Drvo
Banc	Klupa
Buisson	Grm
Clôture	Ograda
Étang	Pond
Fleur	Cvijet
Garage	Garaža
Hamac	Hammock
Herbe	Trava
Jardin	Bašta
Mauvaises Herbes	Korov
Pelle	Lopata
Pelouse	Travnjak
Râteau	Rake
Sol	Zemlja
Terrasse	Terasa
Trampoline	Trampolin
Tuyau	Crijevo
Verger	Voćnjak
Vigne	Vine

Jardinage
Vrtlarstvo

Botanique	Botanički
Bouquet	Buket
Climat	Klima
Comestible	Jestivo
Compost	Kompost
Eau	Voda
Espèce	Vrsta
Exotique	Egzotično
Feuillage	Lišće
Feuille	List
Fleur	Blossom
Floral	Cvjetni
Graines	Sjeme
Humidité	Vlaga
Récipient	Kontejner
Saisonnier	Sezonski
Saleté	Blato
Sol	Zemlja
Tuyau	Crijevo
Verger	Voćnjak

Jazz
Džez

Album	Album
Artiste	Umjetnik
Célèbre	Čuven
Chanson	Pjesma
Compositeur	Kompozitor
Composition	Sastav
Concert	Koncert
Favoris	Favoriti
Genre	Žanr
Improvisation	Improvizacija
Musique	Muzika
Nouveau	Novo
Orchestre	Orkestar
Rythme	Ritam
Solo	Solo
Style	Stil
Talent	Dar
Tambours	Bubnjevi
Technique	Tehnika
Vieux	Star

Jours et Mois
Dani i Mjeseci

Août	Avgust
Avril	April
Calendrier	Kalendar
Dimanche	Nedjelja
Février	Februar
Janvier	Januar
Jeudi	Četvrtak
Juillet	Juli
Juin	Jun
Lundi	Ponedjeljak
Mardi	Utorak
Mars	Mart
Mercredi	Srijeda
Mois	Mjesec
Novembre	Novembar
Octobre	Oktobar
Samedi	Subota
Semaine	Sedmicu
Septembre	Septembar
Vendredi	Petak

L'Entreprise
Kompanija

Affaires	Posao
Créatif	Kreativan
Décision	Odluka
Emploi	Zapošljavanje
Global	Globalno
Industrie	Industrija
Innovant	Inovativno
Investissement	Ulaganje
Possibilité	Mogućnost
Présentation	Prezentacija
Produit	Proizvod
Professionnel	Profesionalno
Progrès	Napredak
Qualité	Kvalitet
Ressources	Resursi
Revenu	Prihod
Réputation	Ugled
Risques	Rizici
Tendances	Trendovi
Unités	Jedinice

Les Abeilles
Pčele

Ailes	Krila
Bénéfique	Korisno
Cire	Wax
Diversité	Raznolikost
Essaim	Roj
Écosystème	Ekosistem
Fleur	Blossom
Fleurs	Cvijeće
Fruit	Voće
Fumée	Dim
Habitat	Stanište
Insecte	Insekt
Jardin	Bašta
Miel	Med
Nourriture	Hrana
Plantes	Biljke
Pollen	Polen
Reine	Kraljica
Ruche	Hive
Soleil	Sunce

Les Médias
Mediji

Attitudes	Stavovi
Commercial	Komercijalno
Communication	Komunikacija
En Ligne	Online
Édition	Izdanje
Éducation	Obrazovanje
Faits	Činjenice
Financement	Finansiranje
Industrie	Industrija
Intellectuel	Intelektualno
Journaux	Novine
Local	Lokalni
Magazines	Časopisi
Numérique	Digitalno
Opinion	Mišljenje
Photos	Slike
Public	Javno
Radio	Radio
Réseau	Mreža
Télévision	Televizija

Légumes
Povrće

Ail	Češnjak
Artichaut	Artičoka
Aubergine	Patlidžan
Brocoli	Brokula
Carotte	Mrkva
Céleri	Celer
Champignon	Gljiva
Citrouille	Tikva
Concombre	Krastavac
Échalote	Shallot
Épinard	Špinat
Gingembre	Ginger
Navet	Repa
Oignon	Luk
Olive	Olive
Persil	Peršun
Pois	Grašak
Radis	Rotkvica
Salade	Salata
Tomate	Paradajz

Littérature
Književnost

Analogie	Analogija
Analyse	Analiza
Anecdote	Anegdota
Auteur	Autor
Biographie	Biografija
Comparaison	Poređenje
Conclusion	Zaključak
Description	Opis
Dialogue	Dijalog
Fiction	Fikcija
Métaphore	Metafora
Narrateur	Narator
Poème	Poema
Poétique	Poetika
Rime	Rima
Roman	Roman
Rythme	Ritam
Style	Stil
Thème	Tema
Tragédie	Tragedija

Livres
Knjige

Auteur	Autor
Aventure	Avantura
Collection	Zbirka
Contexte	Kontekst
Dualité	Dualitet
Écrit	Napisano
Épique	Epski
Histoire	Priča
Historique	Historijski
Humoristique	Humoran
Inventif	Inventivno
Lecteur	Čitač
Littéraire	Književno
Narrateur	Narator
Page	Stranica
Poème	Poema
Poésie	Poezija
Roman	Roman
Série	Serija
Tragique	Tragično

Maison
Kuća

Balai	Metla
Bibliothèque	Biblioteka
Chambre	Soba
Cheminée	Kamin
Clés	Ključeve
Clôture	Ograda
Cuisine	Kuhinja
Douche	Tuš
Fenêtre	Prozor
Garage	Garaža
Grenier	Tavan
Jardin	Bašta
Lampe	Lampa
Miroir	Ogledalo
Mur	Zid
Plafond	Plafon
Porte	Vrata
Rideaux	Zavjese
Tapis	Tepih
Toit	Krov

Maladie
Bolesti

Allergies	Alergije
Bactérien	Bakterijski
Bien-Être	Wellness
Contagieux	Zarazno
Corps	Telo
Cœur	Srce
Faible	Slab
Génétique	Genetski
Héréditaire	Nasljedno
Immunité	Imunitet
Inflammation	Upala
Lombaire	Lumbar
Neuropathie	Neuropatija
Os	Kosti
Pathogènes	Patogeni
Respiratoire	Respiratorni
Santé	Zdravlje
Sinus	Sinus
Syndrome	Sindrom
Thérapie	Terapija

Mammifères
Sisavci

Baleine	Kit
Chat	Mačka
Cheval	Konj
Chien	Pas
Coyote	Kojot
Dauphin	Delfin
Éléphant	Slon
Girafe	Žirafa
Gorille	Gorila
Kangourou	Kengur
Lapin	Zec
Lion	Lav
Loup	Vuk
Mouton	Ovce
Ours	Bear
Renard	Lisica
Singe	Majmun
Taureau	Bik
Tigre	Tigar
Zèbre	Zebra

Mathématiques
Matematiäťki

Angles	Uglovi
Arithmétique	Aritmetika
Carré	Kvadrat
Circonférence	Obim
Décimal	Decimalni
Diamètre	Diameter
Exposant	Exponent
Équation	Jednačina
Géométrie	Geometrija
Nombres	Brojevi
Parallèle	Paralelno
Parallélogramme	Paralelogram
Périmètre	Perimetar
Polygone	Poligon
Rayon	Radijus
Rectangle	Pravougaonik
Somme	Suma
Symétrie	Simetrija
Triangle	Trougao
Volume	Volume

Mesures
Mjerenja

Centimètre	Centimetar
Degré	Stepen
Décimal	Decimalni
Gramme	Gram
Hauteur	Visina
Kilogramme	Kilogram
Kilomètre	Kilometar
Largeur	Širina
Litre	Litar
Longueur	Dužina
Masse	Mass
Mètre	Meter
Minute	Minuta
Octet	Bajt
Once	Unca
Poids	Težina
Pouce	Inch
Profondeur	Dubina
Tonne	Tona
Volume	Volume

Météo
Vrijeme

Arc-En-Ciel	Duga
Atmosphère	Atmosfera
Brouillard	Magla
Ciel	Nebo
Climat	Klima
Éclair	Munja
Glace	Led
Humide	Vlažno
Inondation	Poplava
Mousson	Monsun
Nuage	Oblak
Ouragan	Uragan
Polaire	Polar
Sec	Suho
Sécheresse	Suša
Température	Temperatura
Tempête	Oluja
Tonnerre	Thunder
Tornade	Tornado
Vent	Vjetar

Musique
Muzika

Album	Album
Ballade	Balada
Chanter	Pjevati
Chanteur	Singer
Classique	Klasika
Enregistrement	Snimanje
Harmonie	Harmonija
Harmonique	Harmonik
Instrument	Instrument
Lyrique	Lirski
Mélodie	Melodija
Microphone	Mikrofon
Musical	Mjuzikl
Musicien	Muzičar
Opéra	Opera
Poétique	Poetika
Rythme	Ritam
Rythmique	Ritmički
Tempo	Tempo
Vocal	Vokal

Mythologie
Mitologija

Archétype	Arhetip
Catastrophe	Katastrofa
Ciel	Nebo
Comportement	Ponašanje
Création	Stvaranje
Créature	Stvorenje
Culture	Kultura
Éclair	Munja
Force	Strength
Guerrier	Ratnik
Héros	Junak
Immortalité	Besmrtnost
Jalousie	Ljubomora
Labyrinthe	Labirint
Légende	Legenda
Monstre	Čudovište
Mortel	Smrtnik
Tonnerre	Thunder
Triomphant	Trijumfa
Vengeance	Osveta

Nature
Priroda

Abeilles	Pčele
Abri	Sklonište
Animaux	Životinje
Arctique	Arktik
Beauté	Ljepota
Brouillard	Magla
Désert	Pustinja
Dynamique	Dinamički
Érosion	Erozija
Feuillage	Lišće
Fleuve	Rijeka
Forêt	Šuma
Glacier	Ledenjak
Montagnes	Planine
Nuage	Oblaci
Paisible	Mirno
Sanctuaire	Svetište
Sauvage	Divlji
Serein	Serene
Tropical	Tropski

Nombres
Brojevi

Cinq	Pet
Deux	Dva
Décimal	Decimalni
Dix	Deset
Dix-Huit	Osamnaest
Dix-Neuf	Devetnaest
Dix-Sept	Sedamnaest
Douze	Dvanaest
Huit	Osam
Neuf	Devet
Quatorze	Četrnaest
Quatre	Četiri
Quinze	Petnaest
Seize	Šesnaest
Sept	Sedam
Six	Šest
Treize	Trinaest
Trois	Tri
Vingt	Dvadeset
Zéro	Nula

Nourriture #1
Hrana # 1

Ail	Češnjak
Basilic	Basile
Café	Kafa
Cannelle	Cimet
Carotte	Mrkva
Citron	Limun
Épinard	Špinat
Fraise	Jagoda
Jus	Sok
Lait	Mlijeko
Navet	Repa
Oignon	Luk
Orge	Ječam
Poire	Kruška
Salade	Salata
Sel	So
Soupe	Supa
Sucre	Šećer
Thon	Tuna
Viande	Meso

Nourriture #2
Hrana # 2

Amande	Badem
Aubergine	Patlidžan
Banane	Banana
Blé	Pšenica
Brocoli	Brokula
Cerise	Trešnja
Céleri	Celer
Champignon	Gljiva
Chocolat	Čokolada
Jambon	Šunka
Kiwi	Kivi
Mangue	Mango
Oeuf	Jaje
Pain	Kruh
Poisson	Riba
Pomme	Jabuka
Poulet	Kokoš
Raisin	Grožđe
Riz	Riža
Tomate	Paradajz

Nutrition
Ishrana

Amer	Gorak
Appétit	Apetit
Calories	Kalorije
Comestible	Jestivo
Diète	Dijeta
Digestion	Probava
Épices	Začini
Équilibré	Balans
Fermentation	Fermentacija
Ingrédients	Sastojci
Liquides	Tečnosti
Poids	Težina
Protéines	Proteini
Qualité	Kvalitet
Sain	Zdrav
Santé	Zdravlje
Sauce	Sos
Saveur	Ukus
Toxine	Toksin
Vitamine	Vitamin

Océan
Ocean.

Anguille	Jegulja
Baleine	Kit
Bateau	Boat
Corail	Koral
Crabe	Rak
Crevette	Škamp
Dauphin	Delfin
Éponge	Sunđer
Huître	Oyster
Marées	Plime
Méduse	Meduza
Poisson	Riba
Poulpe	Hobotnica
Requin	Ajkula
Récif	Greben
Sel	So
Tempête	Oluja
Thon	Tuna
Tortue	Kornjača
Vagues	Talasi

Oiseaux
Ptice

Aigle	Orao
Autruche	Noj
Canard	Patka
Cigogne	Roda
Colombe	Dove
Corbeau	Vrana
Coucou	Kukavica
Cygne	Labud
Héron	Heron
Manchot	Pingvin
Moineau	Sparrow
Mouette	Gull
Oeuf	Jaje
Oie	Guska
Paon	Paun
Perroquet	Papagaj
Pélican	Pelikan
Pigeon	Golub
Poulet	Kokoš
Toucan	Toucan

Pays #1
Zemlje # 1

Afghanistan	Afganistan
Allemagne	Njemačka
Argentine	Argentina
Brésil	Brazil
Canada	Kanada
Espagne	Španija
Équateur	Ekvador
Finlande	Finska
Inde	Indija
Israël	Izrael
Libye	Libija
Mali	Mali
Maroc	Maroko
Nicaragua	Nikaragva
Norvège	Norveška
Panama	Panama
Philippines	Filipini
Pologne	Poljska
Roumanie	Rumunija
Venezuela	Venecuela

Pays #2
Zemlje Broj 2

Albanie	Albanija
Chine	Kina
Danemark	Danska
France	Francuska
Haïti	Haiti
Indonésie	Indonezija
Irlande	Irska
Jamaïque	Jamajka
Japon	Japan
Kenya	Kenija
Laos	Laos
Liban	Libanon
Mexique	Meksiko
Ouganda	Uganda
Pakistan	Pakistan
Russie	Rusija
Somalie	Somalija
Soudan	Sudan
Syrie	Sirija
Ukraine	Ukrajina

Paysages
Krajolici

Cascade	Vodopad
Colline	Brdo
Désert	Pustinja
Estuaire	Estuary
Fleuve	Rijeka
Geyser	Gejzir
Glacier	Ledenjak
Grotte	Pećina
Iceberg	Santa Leda
Île	Island
Lac	Jezero
Marais	Močvara
Mer	More
Montagne	Planina
Oasis	Oasis
Péninsule	Poluotok
Plage	Plaža
Toundra	Tundra
Vallée	Dolina
Volcan	Vulkan

Philanthropie
Filantropija

Buts	Ciljevi
Charité	Charity
Communauté	Zajednica
Contacts	Kontakti
Défis	Izazovi
Enfants	Djeca
Finance	Finansije
Fonds	Sredstva
Gens	Ljudi
Générosité	Velikodušnost
Global	Globalno
Groupes	Grupe
Histoire	Istorija
Honnêteté	Iskrenost
Humanité	Čovječnost
Jeunesse	Mladost
Mission	Misija
Programmes	Programi
Public	Javno

Photographie
Bibliografija

Adoucir	Omekšati
Cadre	Okvir
Caméra	Kamera
Composition	Sastav
Contraste	Kontrast
Couleur	Boja
Définition	Definicija
Exposition	Izložba
Éclairage	Rasvjeta
Format	Format
Noir	Crna
Objet	Objekt
Obscurité	Tama
Ombre	Sjene
Perspective	Perspektiva
Portrait	Portret
Sujet	Predmet
Texture	Tekstura
Visuel	Vizuelni

Physique
Fizika

Accélération	Ubrzanje
Atome	Atom
Chaos	Haos
Chimique	Hemijski
Densité	Gustina
Électron	Elektron
Formule	Formula
Fréquence	Učestalost
Gaz	Gas
Gravité	Gravitacija
Magnétisme	Magnetizam
Masse	Mass
Mécanique	Mehanika
Molécule	Molekula
Moteur	Motor
Nucléaire	Nuklearni
Particule	Čestica
Relativité	Relativnost
Universel	Univerzalni
Vitesse	Brzina

Plage
Plaža

Bateau	Boat
Bleu	Plava
Coquilles	Školjke
Côte	Obala
Crabe	Rak
Dock	Dok
Île	Island
Lagune	Laguna
Mer	More
Océan	Ocean
Parapluie	Kišobran
Récif	Greben
Sable	Pijesak
Sandales	Sandale
Serviette	Ručnik
Soleil	Sunce
Vacances	Odmor
Voilier	Jedrilica

Plantes
Biljke

Arbre	Drvo
Baie	Berry
Bambou	Bambus
Botanique	Botanika
Buisson	Grm
Cactus	Kaktus
Engrais	Đubrivo
Feuillage	Lišće
Fleur	Cvijet
Flore	Flora
Forêt	Šuma
Grandir	Grow
Haricot	Grah
Herbe	Trava
Jardin	Bašta
Lierre	Bršljan
Mousse	Moss
Pétale	Latica
Racine	Root
Végétation	Vegetacija

Professions #1
Profesije #1

Ambassadeur	Ambasador
Artiste	Umjetnik
Astronome	Astronom
Avocat	Advokat
Banquier	Bankar
Bijoutier	Zlatar
Cartographe	Kartograf
Chasseur	Lovac
Danseur	Dancer
Entraîneur	Trener
Éditeur	Urednik
Géologue	Geolog
Infirmière	Sestro.
Médecin	Doktor
Musicien	Muzičar
Pianiste	Pijanist
Pompier	Vatrogasac
Psychologue	Psiholog
Scientifique	Naučnik
Vétérinaire	Veterinar

Professions #2
Profesije #2

Astronaute	Astronaut
Bibliothécaire	Bibliotekar
Biologiste	Biolog
Chercheur	Istraživač
Chirurgien	Hirurg
Dentiste	Zubar
Détective	Detektiv
Enseignant	Učitelj
Illustrateur	Ilustrator
Ingénieur	Inženjer
Inventeur	Izumitelj
Jardinier	Vrtlar
Journaliste	Novinar
Linguiste	Lingvist
Médecin	Doktor
Peintre	Slikar
Philosophe	Filozof
Photographe	Fotograf
Pilote	Pilot
Zoologiste	Zoolog

Psychologie
Psihologija

Clinique	Klinički
Comportement	Ponašanje
Conflit	Sukob
Ego	Ego
Enfance	Djetinje
Expériences	Iskustva
Émotions	Emocije
Évaluation	Procjena
Idées	Ideje
Inconscient	Nesvjesno
Influences	Uticaji
Pensées	Misli
Perception	Percepcija
Personnalité	Ličnost
Problème	Problem
Rendez-Vous	Sastanak
Réalité	Stvarnost
Rêves	Snovi
Sensation	Senzacija
Thérapie	Terapija

Randonnée
Planinarenje

Animaux	Životinje
Bottes	Čizme
Camping	Kampiranje
Carte	Mapa
Climat	Klima
Dangers	Opasnosti
Eau	Voda
Falaise	Cliff
Fatigué	Umoran
Guides	Vodiči
Lourd	Teška
Montagne	Planina
Nature	Priroda
Orientation	Orijentacija
Parcs	Parkovi
Pierres	Kamenje
Préparation	Priprema
Sauvage	Divlji
Soleil	Sunce
Sommet	Samit

Réchauffement Climatique
Globalno Zagrijavanje

Arctique	Arktik
Attention	Pažnja
Changements	Promjene
Climat	Klima
Crise	Kriza
Développement	Razvoj
Données	Podaci
Énergie	Energija
Futur	Budućnost
Gaz	Gas
Générations	Generacije
Gouvernement	Vlada
Habitats	Staništa
Industrie	Industrija
International	Međunarodni
Législation	Zakonodavstvo
Maintenant	Sada
Populations	Populacije
Scientifique	Naučnik
Températures	Temperature

Santé et Bien-Être #1
Zdravlje i Wellness #1

Actif	Aktivno
Bactéries	Bakterije
Blessure	Povreda
Clinique	Klinika
Faim	Glad
Fracture	Fraktura
Habitude	Navika
Hauteur	Visina
Hormone	Hormoni
Médecin	Doktor
Médicament	Lijek
Muscles	Mišići
Os	Kosti
Peau	Koža
Pharmacie	Apoteka
Relaxation	Opuštanje
Réflexe	Refleks
Thérapie	Terapija
Traitement	Tretman
Virus	Virus

Santé et Bien-Être #2
Zdravlje i Wellness #2

Allergie	Alergija
Anatomie	Anatomija
Appétit	Apetit
Calorie	Kalorija
Corps	Telo
Déshydratation	Dehidracija
Énergie	Energija
Génétique	Genetika
Hôpital	Bolnica
Hygiène	Higijena
Infection	Infekcija
Maladie	Bolest
Massage	Masaža
Nutrition	Ishrana
Poids	Težina
Récupération	Oporavak
Sain	Zdrav
Sang	Krv
Stress	Stres
Vitamine	Vitamin

Science
Nauka

Atome	Atom
Chimique	Hemijski
Climat	Klima
Données	Podaci
Expérience	Eksperiment
Évolution	Evolucija
Fait	Činjenica
Fossile	Fosil
Gravité	Gravitacija
Hypothèse	Hipoteza
Laboratoire	Laboratorija
Méthode	Metoda
Minéraux	Minerali
Molécules	Molekule
Nature	Priroda
Organisme	Organizam
Particules	Čestice
Physique	Fizika
Plantes	Biljke
Scientifique	Naučnik

Science-Fiction
Znanstvena Fantastika

Atomique	Atomic
Cinéma	Bioskop
Dystopie	Distopija
Explosion	Eksplozija
Extrême	Extreme
Fantastique	Fantastično
Feu	Pali!
Futuriste	Futuristički
Galaxie	Galaksija
Illusion	Iluzija
Imaginaire	Imaginarno
Livres	Knjige
Monde	Svijet
Mystérieux	Misteriozno
Oracle	Oracle
Planète	Planeta
Robots	Roboti
Scénario	Scenario
Technologie	Tehnologija
Utopie	Utopija

Technologie
Tehnologija

Blog	Blog
Caméra	Kamera
Curseur	Kursor
Données	Podaci
Écran	Ekran
Fichier	Fajl
Internet	Internet
Logiciel	Softver
Message	Poruka
Navigateur	Preglednik
Numérique	Digitalno
Octets	Bajtova
Ordinateur	Računar
Police	Font
Recherche	Istraživanje
Sécurité	Sigurnost
Statistiques	Statistika
Virtuel	Virtualno
Virus	Virus

Temps
Vrijeme

Année	Godina
Annuel	Godišnji
Après	Poslije
Aujourd'Hui	Danas
Avant	Prije
Bientôt	Uskoro
Calendrier	Kalendar
Décennie	Decenija
Futur	Budućnost
Heure	Sat
Hier	Juče
Jour	Dan
Maintenant	Sada
Matin	Jutro
Midi	Podne
Minute	Minuta
Mois	Mjesec
Nuit	Noć
Semaine	Sedmicu
Siècle	Century

Types de Cheveux
Tipovi za Kosu

Blanc	Bela
Blond	Plava
Boucles	Kovrče
Chauve	Ćelav
Coloré	Obojeno
Court	Kratko
Doux	Meko
Épais	Debeo
Frisé	Curly
Gris	Siva
Long	Dugo
Marron	Brown
Mince	Tanak
Noir	Crna
Sain	Zdrav
Sec	Suho
Tresses	Pletenice
Tressé	Braided

Univers
Univerzum

Astéroïde	Asteroid
Astronome	Astronom
Astronomie	Astronomija
Atmosphère	Atmosfera
Ciel	Nebo
Cosmique	Cosmic
Équateur	Ekvator
Galaxie	Galaksija
Hémisphère	Hemisfera
Horizon	Horizont
Latitude	Latitude
Longitude	Dužina
Lune	Mjesec
Obscurité	Tama
Orbite	Orbita
Solaire	Solarno
Solstice	Solsticij
Télescope	Teleskop
Visible	Vidljiv
Zodiaque	Zodiac

Vacances #2
Odmor # 2

Aéroport	Aerodrom
Camping	Kampiranje
Carte	Mapa
Destination	Odredište
Étranger	Strani
Hôtel	Hotel
Île	Island
Loisir	Leisure
Mer	More
Passeport	Pasoš
Photos	Slike
Plage	Plaža
Restaurant	Restoran
Réservations	Rezervacije
Taxi	Taksi
Tente	Šator
Train	Voz
Transport	Transport
Visa	Visa
Voyage	Putovanje

Véhicules
Vozila

Ambulance	Hitna
Avion	Avion
Bateau	Boat
Bus	Autobus
Camion	Kamion
Caravane	Karavan
Ferry	Trajekt
Fusée	Raketa
Hélicoptère	Helikopter
Métro	Podzemna
Moteur	Motor
Navette	Šatl
Pneus	Gume
Radeau	Splav
Scooter	Skuter
Sous-Marin	Podmornica
Taxi	Taksi
Tracteur	Traktor
Vélo	Bicikl
Voiture	Auto

Vêtements
Odjeća

Bracelet	Narukvica
Ceinture	Kaiš
Chapeau	Šešir
Chaussure	Cipela
Chemise	Košulja
Chemisier	Bluza
Collier	Ogrlica
Foulard	Šal
Gants	Rukavice
Jeans	Farmerke
Jupe	Suknja
Manteau	Kaput
Mode	Moda
Pantalon	Hlače
Pull	Džemper
Pyjama	Pidžama
Robe	Haljina
Sandales	Sandale
Tablier	Kecelja
Veste	Jakna

Ville
Grad

Aéroport	Aerodrom
Banque	Banka
Bibliothèque	Biblioteka
Boulangerie	Pekara
Cinéma	Bioskop
Clinique	Klinika
École	Škola
Fleuriste	Cvjećar
Galerie	Galerija
Hôtel	Hotel
Librairie	Knjižara
Marché	Tržište
Musée	Muzej
Pharmacie	Apoteka
Restaurant	Restoran
Stade	Stadion
Supermarché	Supermarket
Théâtre	Pozorište
Université	Univerzitet
Zoo	Zoo

Félicitations

Vous avez réussi !

Nous espérons que vous avez apprécié ce livre autant que nous avons pris plaisir à le concevoir. Nous faisons de notre mieux pour créer des livres de la meilleure qualité possible.
Cette édition est conçue pour permettre un apprentissage intelligent et de qualité en se divertissant !

Vous avez aimé ce livre ?

Une Simple Demande

Nos livres existent grâce aux avis que vous publiez. Pourriez-vous nous aider en laissant un avis maintenant ?

Voici un lien rapide qui vous mènera à votre page d'évaluation de vos commandes :

BestBooksActivity.com/Avis50

CHALLENGE FINAL !

Défi n°1

Êtes-vous prêt pour votre jeu bonus ? Nous les utilisons tout le temps mais ils ne sont pas si faciles à trouver. Voici les **Synonymes** !

Notez 5 mots que vous avez trouvés dans les puzzles notés ci-dessous (n°21, n°36, n°76) et essayez de trouver 2 synonymes pour chaque mot.

Notez 5 Mots du **Puzzle 21**

Mots	Synonyme 1	Synonyme 2

Notez 5 Mots du **Puzzle 36**

Mots	Synonyme 1	Synonyme 2

Notez 5 Mots du **Puzzle 76**

Mots	Synonyme 1	Synonyme 2

Défi n°2

Maintenant que vous vous êtes échauffé, notez 5 mots que vous avez découverts dans les Puzzles n° 9, n° 17, n° 25 et essayez de trouver 2 antonymes pour chaque mot. Combien pouvez-vous en trouver en 20 minutes ?

Notez 5 Mots du **Puzzle 9**

Mots	Antonyme 1	Antonyme 2

Notez 5 Mots du **Puzzle 17**

Mots	Antonyme 1	Antonyme 2

Notez 5 Mots du **Puzzle 25**

Mots	Antonyme 1	Antonyme 2

Défi n°3

Formidable ! Ce défi final n'est rien pour vous.

Prêt pour le dernier défi ? Choisissez 10 mots que vous avez découverts parmi les différents puzzles et notez-les ci-dessous.

1.	6.
2.	7.
3.	8.
4.	9.
5.	10.

Maintenant, composez un texte en pensant à une personne, un animal ou un lieu que vous aimez !

Astuce: Vous pouvez utiliser la dernière page de ce livre comme brouillon !

Votre Composition :

CARNET DE NOTES :

À TRÈS BIENTÔT !

Toute l'équipe

DECOUVREZ DES JEUX GRATUITS

GO

↓

BESTACTIVITYBOOKS.COM/FREEGAMES